A CRECER O MORIR

Los hábitos de líderes en PYMES que lograron llegar a gran empresa

Francis Lenguaza

A CRECER O MORIR

Los hábitos de líderes en PYMES que lograron llegar a gran empresa

Contenido

Agradecimientos (5)

Prefacio (8)

Parte 1: El carácter del líder (11)

1) Convertirse en su propio especialista (13)
2) Hacerse vulnerable (20)
3) Usar un auto acorde al nivel (22)
4) Fortalecer el músculo más importante (28)
5) Pre-meditar el crecimiento (30)
6) Revisar y cuestionar el liderazgo (31)
7) Lo mejor en vez de tratar de tener la razón (32)
8) Pensar como emprendedor y pionero (34)
9) Aprovechar los errores propios (36)
10) Ganar-ganar-ganar (38)
11) Buscar claridad y consistencia (40)
12) Quitar el obstáculo del orgullo (41)
13) Conectar la empresa al público (42)
14) Conocer la principal motivación (43)
15) Aprovechar las herramientas gratis (44)

Parte 2: Equipar a otros (46)

1) Promover cultura de servicio (47)
2) Amar más a las personas que a los sistemas (48)
3) Recordar el propósito de la empresa (49)
4) Aplicar el principio de Pareto (50)
5) Construir puentes, no muros (51)
6) Líder saludable es igual a empresa saludable (52)
7) Promover el mantenerse humilde y enseñable (53)
8) Escoger cuidadosamente a los líderes (53)

9) Que gane la empresa, no el status (55)
10) Ser como un niño en lo curioso, no en lo infantil (57)
11) Inyectar energía (58)
12) La vida privada igual a la vida pública (59)
13) Hacer un muro de fuego contra la negatividad (60)

Parte 3: Diseñados para sacar a luz lo mejor (62)

1) Vivir según valores y ética (63)
2) Controlar el buen uso de la libertad (64)
3) Desacostumbrarse a pescar siempre en la pecera (66)
4) Liderar influenciando (68)
5) Entender el juego (71)
6) Ser diligente (73)
7) Vivir preparado para hacerlo uno mismo (75)
8) Enseñar a aprender (76)
9) Conocer a los miembros del equipo (77)
10) Liderar en el hogar igual que en el trabajo (79)
11) Buscar carácter en vez de fama (81)
12) Aprovechar la diversidad (83)

Parte 4: Cómo aprender a crecer (89)

1) Testimonios (90)

Agradecimientos:

A Dios, por haber insistido tanto conmigo.

A Sonia, porque me recuerda cada día con su persona lo exageradamente amoroso que ha sido mi creador.

A mis hijos Aldana, Manuel, Camila, Ana, Mora y Jana, porque a pesar de todo siempre eligieron ver sólo mi lado bueno.

A Hermes y Nora, mis padres, por su legado de liderar sirviendo.

PREFACIO

Mi misión con este libro es ayudar todo lo que pueda al micro emprendedor, a los líderes de pequeñas y medianas empresas, que se las suele identificar como PYMES, para que puedan crecer y puedan seguir innovando, generando empleo de calidad en todo el mundo, especialmente en los países emergentes y en desarrollo.

Una pregunta suelo escuchar en los entrenamientos, talleres y coaching que solemos brindar con mi esposa Sonia, para emprendedores, es si "¿puede una PyME salir adelante en Argentina? ¿en estos tiempos y en estas condiciones". Los que estamos arriba de los 40 años de edad sentimos que siempre estamos esperando y nunca llegan los tiempos y las condiciones adecuadas.

Tuve la bendición de trabajar en cuatro empresas que empezaron como comercios familiares y actualmente son gran empresa de acuerdo a la calificación impositiva, el volumen de facturación y la consideración que le otorgan los bancos y financieras.

Y observando especialmente a la competencia en cada uno de sus rubros, noto que la PYME que no crece hacia grande tiende a desaparecer, o solamente llega a sobrevivir lánguida e inofensivamente. Por eso el título de este libro, o crecemos o morimos, como casi todo en mi país, no hay espacios para las situaciones tibias.

Ahora veamos un poco cómo le fue y cómo le está yendo al emprendedor desde los años 70 en adelante.

Indagando sobre estos temas me enteré hace poco que la Organización de las Naciones Unidas celebra el día de las Microempresas y las Pequeñas y Medianas Empresas desde el año 2017.

Dice en una declaración institucional, que lo instaló porque considera que son "la espina dorsal de la mayoría de las economías del mundo".

También porque cumplen un papel clave en los países en desarrollo.

Tiran unos datos del Consejo Internacional para la pequeña empresa, diciendo que este tipo de negocios "representan más del 90% del total de empresas, generan entre el 60% y el 70% del empleo y son responsables del 50% del Producto Interior Bruto (PIB) a nivel mundial".

¡¿Números asombrosos no?!

En cuanto a Argentina, a mediados de 2017 se registraron 605.626 empresas activas. El 99% son PyMEs y el 0,6% empresas grandes.

Esto según el portal del Ministerio de Producción de la Nación en una sección llamada GPS de Empresas Activas.

Agrega estos datos:

- cada año nacen 70.000 empresas y cierran 68.000.
- La mayoría son comercios (31,4%)
- agropecuarias (10,9%)
- manufacturas (10,2%),
- Luego transporte, almacenamiento, servicios científicos y técnicos, hotelería, gastronomía, construcción, salud, inmobiliarias, actividades administrativas, ocio, comunicaciones, enseñanza, servicios financieros,

seguros, minería, petróleo, suministros de agua, gestión de residuos, gas y electricidad.

Espero que las observaciones que encuentres en este libro de verdad te den por lo menos algunas ideas o una nueva perspectiva.

El mundo necesita que te vaya muy bien en todo y tengas éxito. Bendigo tus sueños, tu empresa y a los que amás.

1
El carácter del líder

¿Por qué me apasiona este tema?
Principalmente porque vengo de una familia de emprendedores. Mis padres se dedicaron siempre a la gastronomía, con fluctuante suerte en diversos negocios. Pizzerías, restaurantes, rotiserías, cantinas, buffet de terminales de ómnibus, concesiones de clubes y balnearios y barras de lugares bailables. Mis padres y tíos nacieron y crecieron en ambientes rurales forestales en la zona del Alto Paraná, en Misiones Argentina y Paraguay.
Mis hermanos nacimos y nos criamos entre cajones de bebidas, insumos para elaborar comidas, ruidos y olores de máquinas de

café y muzzarella, salsas de tomate, sándwich tostados, helados, gritos de mozos apurando pedidos y respuestas de cocineros apurando también para que se los lleven pronto a la mesa.

-"¿Qué pasó con esa milanesa con papa frita, no se deja la vaca atrapar o qué?, era para hoy!
- "Acá está esperando el plato hace una hora para que lo lleven porque no se salen patitas para llegar hasta la mesa."

Ese tipo de diálogo entre chiste y bardo eran nuestras canciones de cuna y banda de sonido de la vida, mientras mi papá coordinaba todo desde la caja, mi mamá, casi siempre embarazada ella de alguno de nosotros, cinco hermanos y yo, ayudaba en la cocina, alguno de nosotros dormía en un cochecito o moisés de mimbre, otro quizás gateaba en algún corralito en un cajón y los más grandes nos turnábamos para supervisarlos con algún empleado de la limpieza o mandados.
Más crecidos, en la edad adolescente, salíamos de la escuela, y antes de ir a nuestra práctica de fútbol o yudo en el club Brown del barrio de Villa Urquiza, teníamos que pasar por el negocio a lavar la montaña de copas y platos que quedaban de los clientes que pasaban a comer al mediodía.
De esa época desarrollé dos capacidades de súper héroe tipo Marvel.
Una de ellas la rápida cicatrización de cortes provocados por vasos rotos o trincados. Si sufría una herida en las manos, y ese día tenía entrenamiento o el fin de semana algún partido o torneo para luchar, no me lo perdía por nada.
A veces ni le avisaba a mi mamá, por "auto prescripción médica de sabiduría ancestral india guaraní" yo mismo me lavaba bajo el chorro de agua de canilla con mucho jabón hasta que paraba de sangrar, luego me hacía yo mismo una venda, siempre a escondidas, recortando una tira de toalla y ya estaba listo nuevamente para la carrera.

Para la noche, al ducharme antes de ir a dormir podía suceder que la herida o ya estaba cicatrizada sobrenaturalmente o me quedaba sufriendo desvelado por un latido fuerte e incesante. En este último caso, cuando ya no aguantaba más, no me quedaba otra que contarle a mi mamá, blanqueando el asunto, soportando el reto e ir hasta el hospital para una desinfección correcta y un par de puntos de cirugía.

El otro súper-poder que fui desarrollando fue la resistencia a las quemaduras de diversas clases, ya que era frecuente que agarre accidentalmente en mi rol de lava copas y ayudante de cocina, ollas calientes o que en algún momento me salpique un poco de aceite hirviendo de la freidora industrial o sea alcanzado por algún vapor o chorro de agua o café de la máquina cafetera en las manos o en la cara.

Es fantástico lo que es capaz de hacer el cuerpo y la mente humana, porque suelo observar que si alguna persona "normal" sufre alguno de esos tipos de accidentes de cocina, le suele salir de inmediato por lo menos una ampolla, que luego se transforma en una herida con aspecto y dolor insoportable; pero en mi caso, el ardor y enrojecimiento de la piel dura unos segundos y ahí termina todo; a lo sumo si es muy grande el daño, aplicando un poco de agua fría o hielo ya será suficiente.

Cuando me senté a escribir, escarbé y escarbé en recuerdos desordenados y la memoria me permitió llegar hasta fines de los años 70, más precisamente a 1978, estimo que por los hitos emocionales que están marcados a fuego seguramente en cada persona que vivió conscientemente en esas épocas, imágenes asociadas fuertemente a los sentidos provocados el mundial de fútbol en la Argentina y en 1979, con el inicio de las giras internacionales televisadas del espectáculo de magia sobre césped a cargo de Diego Maradona en el mundial juvenil en Japón.

En esa época mi papá, tenía una pizzería, café y restaurant, que permanecía abierta las 24 horas, 364 días al año. El único que día que cerraba era el viernes de Semana Santa. Después, nunca. No feriados, no asuetos, no vacaciones, no licencias por enfermedad, no fiestas sociales, no parar por el nacimiento de alguno de nosotros sus hijos, no, nada de eso. Nunca vi a nadie trabajar con tanta intensidad durante tantas horas corridas como a mi padre. Un titán extraordinario, con una mente profunda y con capacidad de discernimiento sorprendente. Nadie le podía seguir el ritmo.

Tenía mozos de empleados que podían y querían quedarse a hacer las horas extras que quisieran, porque las comisiones y propinas les permiten a los que hacen bien este oficio, con poca preparación académica acceder a una vida bastante refinada.

Las características de los miembros de la logia de los mozos de esa época son sus zapatos bien lustrados, camisa blanca, bien blanca, peinado con fijador, afeitada siempre al ras con navaja, dientes bien cuidados. Excelentes billaristas. Cada uno con su bandeja, destapador, billetera profesional y franela (ni se te ocurra tocar alguno de estos elementos personales de trabajo, son sagrados para esta gente).

Los no casados, siempre tenían alguna dama esperándolo al final de la jornada, producto de algún sutil galanteo durante el turno.

Pero estos caballeros no podían llegar a trabajar las horas por jornada, con entusiasmo y energía como lo hacía mi padre, que iba rotando en las funciones, durante todo el día, de acuerdo a donde se requería reforzar tareas.

Solía arrancar con las compras, verificando el almacén y las cámaras, yendo a seleccionar las carnes, fiambres y verduras, luego un rato en la caja, otro rato en la cocina, otro rato en la limpieza y casi todo el rato como mozo, porque siempre la atención le parecía lenta, a pesar de que los que se ocupaban de esa función parecían malabaristas, atletas voladores yendo y viniendo a las mesas.

Una vez le dije que lo que yo más quería como herencia era su energía y resistencia.

Él siempre trataba de ubicar sus negocios cerca de lugares donde se movían contingentes de grupos personas, como terminales de colectivos o lugares turísticos, porque era muy bueno armando sistemas y logística para servir rápidamente comidas recién elaboradas. Estos clientes a veces tienen 5 minutos nomás para saborear algo que preferentemente no se parezca a un sándwich o una empanada, porque eso sirven en el catering del viaje, sino algún plato calentito de ravioles frescos con unas rodajas de peceto mechado, o un arrollado de pollo al horno con ensalada rusa.

Su especialidad era la velocidad. Cualquiera hace una hamburguesa rápida, pero difícilmente platos algo más elaborados, frescos y con guarniciones.

Solía contarme que él había hecho su gran experiencia y aprendizaje trabajando en su juventud en el buffet del Policlínico Bancario en la ciudad de Buenos Aires. De ahí surge una anécdota que plantó en mí las semillitas de emprendedor libre e independiente. Me decía que era muy productivo como empleado, y que al cabo de un tiempo decidió comunicarle al dueño de la concesión que renunciaba, se iba del buffet porque nunca le habían cumplido con los pagos acordados.

Había pasado bastante tiempo aguantando esa situación porque la propina era buena, y para vivir podía arreglárselas sin el sueldo básico.

El dueño se desesperó y prometió poner al día los pagos, pero Hermes, mi papá, no le creía. Ante la insistencia del patrón, le propuso entonces un nuevo trato.

Resulta que hasta ese momento los clientes, que eran muchos, consumían un menú diario fijo que incluía café y un flan de postre, pero estos no solían pedirlos, aparentemente porque, o no se acordaban o no sabían que estaba incluido en el menú. Sobraban todos los días, e incluso se echaban a perder si es que no eran consumidos por los empleados. Entonces el trato que propuso mi papá fue el siguiente: él le ofrecería opciones de postre y café a los clientes, cobrándoles por separado, con el total de la venta y margen ganancia de ese ítem para él, a cambio de liberar al dueño de tener que pagarle el sueldo básico con lo adeudado. Ambos quedaron contentos con el arreglo, aún más el patrón, porque no tenía nada que perder y se libraba de pagar el retroactivo.

El resultado fue que no contaban la precisión del cálculo de papá y su ímpetu, ya que con el nuevo acuerdo ganó mucho, a tal punto que así pudo juntar un buen dinero y a los 30 y pico de años de edad, decide volver a la provincia de Misiones e instalarse en la ciudad capital de Posadas, para apostar por su negocio propio.

Su familia se componía de 12 hermanos, que todos tarde o temprano se convertirían en emprendedores comerciantes o profesionales independientes.
Su hermano mayor, Diógenes, tenía también la misma vocación emprendedora y solían asociarse en sus proyectos gastronómicos.

Mis recuerdos de esa época de fines de los 70 y principios de los 80, eran de un buen pasar económico y familiar, en general.
Pero en el año 1982 mis recuerdos más conscientes son con imágenes más relacionadas a luchas contra los sacudones económicos. El negocio familiar tambaleaba peligrosamente, apareciendo en escena el stress, la incertidumbre y los rostros de preocupación como jugadores condicionantes en la paz familiar. Fluctuaban intermitentemente temporadas de prosperidad,

generalmente en verano, que no llegaban a compensar los deterioros y desgastes de las temporadas de baja venta y productividad. Ya empezaba en nuestro país la enfermedad de la esquizofrenia financiera monetaria, en la que siempre perdía el mini empresario que confiaba en un cambio natural positivo y en una ilusión de justicia, el destino ayude al esforzado. La realidad es que siempre ganaron los pillos, los especuladores, los hábiles y bien contactados con el poder político y la especulación financiera. Si uno era lo bastante insensible, podía llegar a salvarse.

En épocas de devaluación, si uno se ceñía a la frialdad los números era bastante fácil. Alcanzaba con cerrar el negocio, vender todo o declarar quiebra, comprar dólares, guardarlos y sentarse unos meses a esperar hasta que pase la tormenta.

Pero él, aparte de ser un patriota optimista, no quería dejar librados a la suerte a sus empleados, se sentía responsable por ellos, como que los tenía que cuidar. Los quería como a nosotros sus hijos, o al menos a veces eso nos parecía.

Finalmente, la etapa hiperinflacionaria durante el último tramo de la administración del gobierno de Raúl Alfonsín, en el año 1989, se llevó puesto al negocio familiar como a muchos otros. Convenía especular con dólares antes que trabajar. Ni los salarios, ni la rentabilidad de un negocio alcanzaban para sostenerse.

Mi viejo, un luchador inquebrantable, se replegó a su casa, y desde allí, con casi nada, a empezar de cero, con su socia, compañera y esposa, mi mamá Nora. Para comenzar se pusieron a hacer sanguchitos de milanesa, para vender a los vecinos que trabajaban fuera de su casa o no eran muy fanáticos de la cocina. Pura intuición de Hermes, porque como tenía muchos conocidos, gente que le debía favores, era muy estimado y respetado, le ofrecían empleos que él rechazaba una y otra vez a pesar de nuestros consejos.

Eran bastante interesantes algunos de ellos, considerando la situación de emergencia, como sereno, encargado de depósito, supervisor de obra, pero todos tenían un problema en común, no negociable para él, y es que eran justamente eso, empleos.
Entre cabeza de ratón o cola de león, elegía lo primero sin dudas. Después convertiría al ratón en león, pero la libertad para decidir, para él era oxígeno y me doy cuenta hoy que para mí también.
Aunque sea estrujado por las presiones o el desánimo temporal, nada mejor que emprender libremente.

Los empleos que yo tuve fueron apasionantes mientras podía absorber ideas y conceptos de mi líder, pero cuando sentía que ya no había nada nuevo, llegaba la meseta en la curva del aprendizaje, se instalaba la sensación de frustración por estar perdiéndome del mundo, el aburrimiento y se aceleraba la desesperación por salir del tedio para experimentar mis nuevos conocimientos en el campo real de la vida y los negocios.

Pocos hubieran apostado algo a ese emprendimiento de mis padres, casi una locura quijotesca intentar un negocio en un barrio de clase media trabajadora venida a menos, con gente deprimida y algo asustada por la incertidumbre con respecto al futuro, con calles de tierra y cunetas.

Pero Hermes era indomable, cuando una idea chispeaba y se encendía en su interior sería imposible contener su energía bajo un sueldo, órdenes o sin determinadas libertades para crear o cambiar hasta lograr rápidamente materializar el modelo concebido en su ágil mente.
Así que entonces, con su esposa, mi madre, hombro con hombro, persistieron, y persistieron. Sostuvieron mi crianza y educación y la de mis 5 hermanos más chicos. A puro empuje, fe y coraje, todos los días y con lo justo.

Nunca los vimos tensos, quejosos o amargados. Siempre con actitud feliz y enérgica.

Así la fueron llevando, sosteniendo el hogar hasta que en el año 2003 sucede un milagro. Luego de otra hecatombe nacional en lo económico e institucional, sin salidas visibles para sostener a la clase trabajadora y emprendedora en algún nivel digno, sin caer en una miseria definitiva, el presidente de la Nación Néstor Kirchner implementa una apuesta fuerte a la obra pública como motor de reactivación del famélico consumo interno.

La ecuación era simple y efectiva, se empezaron a hacer las obras de cordones cuneta y empedrados en las ciudades, que financiaba el estado, en las que trabajaban pequeñas cooperativas de obreros y beneficiarios de planes sociales, estos cobraban su quincena, entonces iban a comprarle los sanguchitos a mis padres en su casa, después ya le pedían gaseosas, hielo, algún postre y otra porción extra de comidas para llevar para compartir con su familia en la cena.

Con ese mismo círculo virtuoso, se reactivó la economía en todos los rubros, desparramados en todo el país: almacenes, supermercados, tiendas de ropa, ferreterías, peluquerías, rotiserías, heladerías, talleres, concesionarias, turismo y servicios médicos.
El peón trabajador consume en su zona de residencia, no tiene posibilidad de fugar divisas hacia paraísos fiscales o hacer algún tipo de especulación financiera que no genere empleo.

Luego empezaron a sugerirle que incorpore otras cosas al menú, como guisos o estofados. Y luego, esos clientes, traían a otros clientes, los capataces llevaban viandas al obrador y ya exigían mesas y sillas para comer allí y no en las veredas.

Así comienza a resurgir floreciendo esta maravilla artificial económica profundamente relacional humanista, que es el comercio de productos y servicios, con sus intercambios que no asegura tanto pero sí da múltiples posibilidades a cualquiera que se anime y se esfuerce.

Siempre, siempre, siempre se gana, cuando la experiencia es reflexionada y se extrae el aprendizaje que trae:

¿Cuál es la lección que aprendí por vivirlas en persona a estas historias?
Que puede ser una falacia que el emprendedor "meritócrata" saldrá adelante sólo con su talento y trabajo disciplinado. No es buena la indiferencia cuando cada uno se enfoca sólo en hacer la suya, jugándose al sálvese quien pueda, porque cuando viene un tsunami, se los lleva puesto a todos, no discrimina esforzados, metódicos e inteligentes de los que no lo son.
Existe una interrelación constante entre todos los participantes del entramado socio económico (estado-empresas grandes-empresas chicas-consumidores). No hay ganancia sana y perdurable si solamente sacan una exagerada ventaja algunos pocos, a costa de que se hundan otros. Ese hundimiento termina arrastrando a muchos más y perdemos todos.
Quien sabe relacionarse tendrá las mejores redes de crecimiento y contención.

Convertirse en su propio especialista

Yo estaba como traumado con la fallida experiencia familiar del negocio propio, así que aproveché la tibia bonanza económica que se inició en el 2003 y comencé mi propia aventura, experimentación y exploración en el recorrido del campo laboral como empleado. Buscaría entonces una supuesta comodidad, algo de previsibilidad y certezas que me podría llegar a obtener a través de un sueldo y un patrón que me liderase. Pero más que por todo eso soy muy curioso, bastante soñador, me considero imaginativo y tenía hambre por aprender.

Solía pasar por el frente de la sede de determinadas empresas y de algunas me llamaban la atención algunas cosas de su aspecto exterior, a veces era el logotipo, otras la vestimenta de los empleados, y entonces mi imaginación se ponía a rodar y me veía mentalmente trabajando allí.
Lo increíble que casi en un cien por ciento de los casos, esas mini profecías o visiones se terminaban cumpliendo en la realidad.
Y tuve la inmensa bendición de poder trabajar en esas organizaciones que han sido verdaderas escuelas de vida y negocios.
Poder ser un colaborador cercano de verdaderos maestros y leyendas del comercio en mi ciudad, como lo que fueron los dueños que me contrataron, me dio como resultado una experiencia impagable, porque nunca termino de sacar y aplicar aprendizajes de ello.
Por eso, les estoy eternamente agradecido, y de alguna manera considero que se merecen un buen registro escrito de estas apasionantes aventuras en el mundo de la cultura PyME.

Creo que mi instinto y mi ADN de emprendedor me hizo dejar las universidades, para jugarme y apostar a algo que me parecía mucho más divertido, adrenalítico y dinámico como resulta ser el mundo empresarial.

Estoy convencido de que en ningún ámbito educativo tradicional como escuelas y universidades se puede aprender tan rápido.

Los aprendizajes mientras se trabaja en la empresa son siempre frescos, innovados e involucran todos los dominios que componen a una persona, o sea que forman y reforman al intelecto, a las emociones, al cuerpo y al espíritu humano.

Yo solía ser un buen estudiante, de acuerdo al sistema de evaluación usada en las escuelas, que premia al que memoriza contenidos y no tanto al que piensa de nuevas maneras.

Fui uno de los abanderados (alguien que es premiado por su desempeño con el honor de portar la bandera de ceremonias en los actos escolares) en la escuela primaria, y nunca tuve necesidad de tener que prepararme quemándome las pestañas para una prueba o examen. Me resulta fácil y muy placentero leer, pero más fácil aún me resulta interpretar y capturar lo importante en algún tema o materia.

Hace poco descubrí científicamente por qué soy de esta manera. Hasta ese momento casi me volví loco tratando de encajar en estándares convencionales, cosa que no podía lograr. En mi mente solía decir ¿qué está mal en mí? ¿por qué no puedo ser como casi todo el mundo y quedarme en un empleo estable muchos años?

Realmente sentía que era mucho más fuerte que yo pero a la vez era como que estaba desperdiciando mucho potencial al no estar enfocado consistentemente en algún proyecto.

Mi esposa Sonia es en cambio es totalmente distinta a mí, nunca terminamos de sorprendernos sobre cómo siendo opuestos, estamos juntos y funcionamos muy bien, a tal punto que trabajamos juntos como entrenadores en talleres de coaching, liderazgo y desarrollo personal. Y es lo que más disfrutamos, ya sea en la etapa de preparación del contenido como de desarrollo de las dinámicas y enseñanzas.

Ella es contadora pública de profesión, trabaja hace más de 10 años en el mayor banco del país y es miembro del equipo global de John Maxwell, gurú mundial en materia de liderazgo.

Es sumamente metódica, disciplinada y principalmente rechaza unas de las cosas que más me gustan y necesito, que son los cambios y las sorpresas.

Resulta que una de las herramientas que maneja ella como coach del equipo John Maxwell es una maravilla llamada "Indicador de personalidad DISC".

Nosotros tenemos acordada como premisa esencial no enseñar nada que no lo estemos viviendo o aplicando en nosotros mismos. Si nos piden que enseñemos sobre algún tema que conocemos pero que no lo estamos usando en nosotros, preferimos alentar a que inviten a alguien que sí lo hace.

Así que basada en ese principio ella comenzó por sí misma, haciéndose un reporte DISC para aprender sobre su personalidad. Luego que lo obtuvo, se quedó tan asombrada y tan entusiasmada que no paró de insistirme hasta que logró que yo me lo haga.

El programa, es una plataforma que hace determinadas preguntas y en unos minutos, de acuerdo a las respuestas dadas, envía un informe de indicador de personalidad realmente fidedigno, que me ofreció un panorama muy poderoso sobre varias áreas importantes sobre mi estilo natural de desempeño, para poder trabajar mejor en mejorar y corregir en mi vida personal como profesional.

Uno de los entrenamientos de grupos de mentes maestras (mastermind) que Sonia brinda, y en el que yo suelo colaborar, se llama "Las 15 Leyes Indispensables del Crecimiento" basado en el libro de John Maxwell con ese nombre y existe una enseñanza se llama la Ley de la Conciencia:

"Para poder crecer, debes conocerte a ti mismo"

Este informe me ha ayudado un montón para conocerme mejor a mí mismo, a la vez que me enseñó como poder crecer en mi desarrollo personal integral.

De verdad, me interesa contar sobre ello porque es una información puede salvar a tu empresa de tener que hacer contrataciones y despidos innecesarios, o para poder mejorar la productividad de todos los sectores con solamente detectar qué rotaciones hacer para que tu gente pueda rendir en los lugares de trabajo en que los sean verdaderamente efectivos.

El método DISC de la conducta humana surge en la década de 1.920 en la universidad de Harvard, a través del Dr. William Marston, quien estaba trabajando en su libro llamado "Las emociones de las personas normales".

Entonces este hombre diseñó un sistema de evaluación muy fiable que permite conocer mi estilo de conducta, mi estilo de comunicación, mi estilo de fortalezas y mi estilo de trabajo.

Trabajar con este informe acelera notablemente los avances y aprendizajes en el trabajo con un coach personal.

Mi pasatiempo, mi entretenimiento, mi droga psico-emocional es desde hace algunos años, consumir material de desarrollo personal, en forma de libros, podcast, videos, talleres, mastermind y coaching.

Cuando lo descubrí la sección de desarrollo personal, calculo que cuando tenía unos 28 años de edad, fue hipnótico.

Esos libros encendieron mi hambre por crecer y cambiar; la otra consecuencia fue que ya no podía permanecer más con las personas y los hábitos con los que convivía hasta allí.

Desde ese momento comenzó la etapa en mi vida en que dejaron de interesarme las ciencias y carreras tradicionales de leyes y contabilidad; y otras cosas que hasta ese momento consumían mi combustible reservado para la pasión, como ver tv o fútbol, intentar aprender a tocar un instrumento o pasar escuchando varias horas de música.

Me doy cuenta que el desarrollo personal aumenta mi esperanza, porque me hace sentir que hace subir las chances de que el futuro sea mejor.

Lo cierto es que cuando analicé este informe sobre mi sistema de personalidad conductual, éste reflejaba fielmente el lenguaje de mi comportamiento.

Todas las personas de alguna u otra manera y en distintos niveles de intensidad manifiestan cuatro estilos resumidos en el acrónimo en inglés DISC: dominante/decidido; influyente/inspirador; constante/estable; correcto/inspirador.

Al conocer estos detalles que sustentan a nuestro gran todo, nos permitió capacitarnos mejor para entendernos a nosotros mismos y entre nosotros como pareja y socios. También a conectar más armoniosamente con nuestros compañeros de trabajo, nuestras familias y amigos, y en un nuevo nivel de profundidad.

Hemos podido ayudar más efectivamente a líderes, equipándolos emocional y psicológicamente para que puedan lograr avances en su comunicación, achicar o prever conflictos y valorar las diferencias en los demás, potenciando así una influencia positiva en sus entornos.

Si nos ponemos a observar con detenimiento a las personas, cada uno tiene un diferente estilo en la interacción interpersonal.

A grandes rasgos, las personas de estilo D, suelen actuar de manera enérgica, directa y decidida. Procesan la información que reciben de manera más bien asertiva, concisa enfocándose en los datos más determinantes.

Los de estilo I suelen ser optimistas, amistosas y habladoras. Se manejan bien en tareas de comunicación y se muestran amigables con los que conoce.

Los individuos de estilo S se caracterizan por su estabilidad, paciencia y lealtad. Escuchan bien y son excelentes en grupos y equipos.

A los de estilo C les encanta manejarse con datos precisos, además son sensibles y analizan en profundidad todo. Necesitan reunir detalles y deciden sus actividades con profunda conciencia.

Mi informe de personalidad DISC arroja un estilo que se identifica como "Persuasor". Predominan las dimensiones I (influyente) y D (dominante).
Las características generales son las de entusiasta, innovador, confiado, optimista, persuasivo, comunicativo y competitivo por la búsqueda de reconocimiento.
Mis motivaciones son los halagos, alabanza, popularidad y aceptación. Además de las recompensas y reconocimiento.
Necesito mucha libertad de las reglas y regulaciones; y que otras personas se ocupen de los detalles.
Mi entorno ideal es en los papeles de liderazgo, con felicitaciones por los logros, libre de control y detalles; y en foros donde expresar mis ideas.
Me cuesta descansar, a tal punto que parezco inquieto o nervioso. Casi no logro relajarme y no tratar de controlar a todo y a todos. Me siento cómodo con el riesgo y bajo presión.
A veces se me puede percibir como demasiado confiado o engreído, incluso parecer agresivo, especialmente al interactuar

con aquellos que le prestan atención a todos y cada uno de los puntos.

Descubrí además que mi mayor miedo es el rechazo la pérdida de influencia, sea que el sólo hecho de que alguien deje de hablarme, produce una reacción negativa y autocrítica en mí.

Entonces tengo que trabajar duro y constante en ser más realista, reducir mi necesidad de gustar a todos, tratar de hablar menos y escuchar más.

El aprendizaje principal que saco de esto es que gracias a obtener esta información tan acertada sobre mí mismo, pude dejar de frustrarme por no poder hacer determinadas tareas tan bien como observo y considero que las hacen los otros.

Por ejemplo, el ocuparme analíticamente de los detalles, no es mi fuerte, pero mi esposa sí es muy buena en eso.

Ella es de escuchar detenidamente a las personas, a mí me gusta ir al grano y avanzar con ritmo

Entonces funcionamos juntos complementándonos de maravilla, pero antes no era así; tratábamos de cambiarnos uno al otro porque veíamos nuestras diferencias como deficiencias. Hoy valoramos y necesitamos esas distinciones diferentes y las usamos a nuestro favor, y lo mismo podrías lograr en tu empresa, relaciones o familia con esta herramienta.

La mano sabia de mi viejo plantó una semilla en mí para aprovechar al máximo la comprensión rápida y simple de textos, obrando de la siguiente manera: apenas yo había comenzado la primaria, por pura curiosidad había aprendido por mí mismo el sonido de cada letra, y deduje entonces que cuando las unía, se producían las palabras.

Muy sencillo el mecanismo, no veía mucho misterio en el asunto. Además yo no soportaba no saber que lo que decían los textos de los carteles, diarios y libros que los adultos leían. Así que él me encargó que, como no tenía tiempo a la mañana, yo leyera el diario impreso en papel, y cuando él llegaba, yo le contaba un resumen de lo más importante.

Así, con este juego/ejercicio, antes de que mis compañeritos aprendieran a balbucear palabras en lecturas, yo ya me iba a la escuela con el diario totalmente leído.

Ahora me pongo a pensar sobre lo insoportablemente sabelotodo que habré sido con esa sobreinformación, demasiada quizás para un chico de mi edad. Ojo, digo sobreinformación, editada y tendenciosa, como es el texto de los periódicos, que son financiados por la publicidad de sus clientes.

Por eso hoy considero que yo estaba con mucha información, pero no era inteligente; inteligencia, es otra cosa.

Durante casi toda la vida me dijeron, y me creí "inteligente". Hoy sé que eso no es equivalente a educado o informado, cosas distintas.

Ahora creo que inteligente es el que vive con la mejor estrategia, para perseguir sus propósitos, usando los dones y herramientas con las que le tocó nacer.

Y casi, casi, casi siempre eso se materializa en influencia-poder y/o dinero.

Entonces, la escuela me aburría, así que contra todo pronóstico y planes de mis mayores, a los 18 años, dejo mi casa para mis aventuras personales.

Tomó por sorpresa y estupor a todos que me conocían, porque por fuera veían a un niño obediente bien formateado en un colegio de curas y monjas, pero por dentro pugnaba por manifestarse una especie de Indiana Jones sediento por explorar el mundo desconocido, aunque sea inseguro.

Todo lo vivido en el camino, para mí hoy es ganancia. Por ahí, en los momentos que estaba pasando situaciones incómodas, duras, y no estaba disfrutando, ahora lo tomo como bueno, porque aprendí, eso es experiencia reflexionada.

Ahora sigo siendo un entusiasta del aprendizaje constante, mientras voy rescatando algunos archivos de mi memoria consciente que han tomado forma de joyas maravillosas de aprendizaje para compartir.

Estos registros se apoyan en eso, mi experiencia real, vivida. No soy un académico explicando recetas teóricas. Soy alguien que vivió varias guerras desde las trincheras de PYMES defendiendo cada centímetro de su mercado y avanzando un día a la vez contra lo que a veces parecían endemoniadas contingencias en el escenario comercial argentino.

Importante: Las Historias que cuento acá son reales, tal como las observé y recuerdo; los nombres sí son ficticios, los he cambiado porque respeto y quiero a todas las personas que estuvieron, me enseñaron y sigo aprendiendo de ellos, y quizás su tipo de observador tiene una interpretación distinta de los hechos.

En definitiva, creo que no hay recetas que garanticen el éxito en el crecimiento y supervivencia de una PYME. Con mucha muñeca, creatividad y carácter persistente, haciendo la mayor parte del camino al andar, se puede lograr una gran empresa.

Uno de los requisitos que tendrían que tener los profesores y académicos teóricos para enseñar, para no formar egresados desconectados de la realidad, es que hayan tenido experiencia en la conducción de empresas vivas.

Relacionado:

Estas fueron las proyecciones fallidas de los "especialistas" para el escenario económico 2018 en Argentina (fuente https://www.pagina12.com.ar/153018-pronosticos-fallidos)

Proyecciones

- **Inflación**. La distancia entre las expectativas y la realidad es muy grande. En general, las entidades consultadas en el relevamiento estimaron, entre diciembre de 2016 y agosto de 2018, una inflación mucho menor a la que se produjo. Por ejemplo, para abril de 2017 estimaron tres días antes del cierre del mes un 1,91 por ciento, tres meses antes habían previsto 1,87 por ciento y seis meses antes consideraron que sería de 1,62. La realidad es que la inflación fue de 2,66 por ciento, según el IPC-Indec, lo que significa un error de 39, 42 y 44 por ciento, respectivamente.

En promedio, es posible indicar que las estimaciones fueron erradas en un 18 por ciento promedio (en el período 2017/2018) cuando fueron realizadas en los tres últimos días del mes anterior al proyectado, un 32 por ciento de errores en promedio cuando las proyecciones se hicieron tres meses antes y 58 por ciento de errores en promedio cuando las proyecciones se efectuaron seis meses antes del período estimado.

Las estimaciones para 2018 fueron aún más desacertadas: cuando fueron realizadas en los tres últimos días del mes anterior al proyectado, el error alcanzó el 30 por ciento; cuando fueron realizadas tres meses antes, el promedio de error alcanzó el 57 por ciento; y cuando se realizaron estimaciones seis meses antes el error alcanzó el 112 por ciento en promedio.

Así, tanto para los meses en que estimaron una inflación más alta (la gran mayoría), como aquellos en los que estimaron una inflación más baja, el denominador común es que a lo largo de todo el período bajo análisis las expectativas de las entidades "expertas" y la realidad estuvieron muy disociadas la una de la otra. Las coincidencias o cercanías constituyen una excepción.

- **Tipo de Cambio.** Cuando se observa el desempeño de esta variable, se percibe que particularmente en 2018 y desde la corrida en abril de ese año, se mantiene muy por debajo de las expectativas relevadas por el Banco Central. Por ejemplo, en mayo de 2018 las expectativas indicaban un valor del dólar en 20,53 pesos en las proyecciones dos meses antes y de 18,65 pesos en las proyecciones realizadas seis meses, pero el valor finalmente fue de 25,51 pesos.

En promedio, es posible indicar que las estimaciones fueron erradas en un 11 por ciento promedio (en el período 2017/2018) cuando fueron realizadas dos meses antes al mes proyectado y un 18 por ciento en promedio cuando las proyecciones se efectuaron seis meses antes del período estimado. Las estimaciones para 2018 fueron aún más desacertadas: cuando fueron realizadas dos meses antes, el promedio de error alcanzó el 20 por ciento, mientras que cuando se realizaron seis meses antes el error alcanzó el 38 por ciento en promedio.

- **Crecimiento**. Las estimaciones de crecimiento económico también ilustran la confianza de los "expertos" en el modelo de Cambiemos. A abril de 2018, el promedio de las opiniones indicaba un crecimiento de la economía para ese año de 2,5 por ciento. Esas proyecciones fueron cayendo sensiblemente mes a mes, llegando a septiembre de 2018 a considerar que el resultado del año sería una caída de 2,5 por ciento. Algo parecido sucedió con las proyecciones 2019, donde en abril de 2018 se consideraba que en promedio la economía en 2019 crecería 3,2 por ciento, pero ya en septiembre de este año las estimaciones hablaban de una caída de 0,5 por ciento. Las estimaciones de 2020 mantienen aún las expectativas positivas.

> **"Lo que fracasó no Fueron solo las mediciones y proyecciones, sino las teorías en las que se basan"**

Teoría

La recurrencia de los errores de estimaciones realizadas por consultoras, bancos y universidades consultadas por el Banco Central lleva a pensar que el problema es más profundo, y remite a los marcos teóricos que guían los análisis predominantes en el mundo económico.

La economía ortodoxa entiende que las políticas de desregulación monetaria y financiera, así como las políticas de austeridad fiscal, son clave del crecimiento en la medida en que ordenan las cuentas fiscales, permiten bajar la inflación ajustando la emisión y generan incentivos para la inversión del capital porque el Estado no pone trabas al sector privado.

Todo ello fue lo que Argentina aplicó desde finales de 2015 a partir de la eliminación del control de cambios, bruscos ajustes en partidas de subsidios económicos (tarifas) –dolarización de servicios y combustibles–, recortes en gasto social y previsional y ajustes en personal del Estado. Con este paquete de medidas es lógico que los defensores de la ortodoxia hayan esperado mejores resultados que los que arrojaron las estadísticas del Indec y del Banco Central.

Lo que fracasó no fueron solo las mediciones y proyecciones, sino las teorías en las que se basan.

Hacerse vulnerable

Trabajar con Ernesto era un poco tenso y complicado. Su lenguaje era de crítica y burla permanente hacia nosotros los vendedores.
Se encargaba de revisar los legajos que tenías que armar a medida que atendíamos a los clientes, mientras el reloj corría como adversario en nuestra carrera por alcanzar las cuotas de los objetivos pautados.
Luego los debía despachar hacia la casa central.
En sus jornadas más bravas podía llegar a gritarnos insultos desde el fondo del local, delante de clientes, arrojando por el aire los documentos y fotocopias, hasta llegaba pisotearlas si consideraba que algo estaba fuera de norma.
Llegué a ver escenas humillantes de compañeros gateando y tratando de sacar las hojas de debajo de sus pies. Era el mejor amigo del gerente, entonces juntos se reían de la situación.
Yo estaba muy sorprendido e indignado al principio, pero es notable como los seres humanos nos vamos acostumbrando a todo maltrato, de a poco, especialmente cuando sobrevuela un sobrevalorado miedo a perder un trabajo o status, y cuando se lo tiñe de chiste de dudosa calidad.
Lo cierto es que Ernesto y su amigo gerente nos controlaban, pero a ellos nadie los controlaba.

Ninguno de los empleados osamos enfrentarlos, pero nuestras oraciones fueron escuchadas, y un día, como Ciro el emperador, vino un auditor silencioso, sorpresivo e implacable, a controlarlos a ellos, durante un par de días.

Ernesto no tuvo ni chances de reaccionar ni de apelar a nada, se tuvo que ir.

Con respecto al gerente, el auditor prefirió pensar que era más ingenuo que malo, y lo acomodó un tiempo en una sucursal menor. Así la sucursal creció en paz.

Los emprendedores con los que me tocó trabajar, mis jefes en cada momento, tienen en común su espíritu e inteligencia gigantes. Desbordaban carácter férreo, constancia, lucidez, resiliencia, instinto, flexibilidad y persistencia dignas de verdaderos héroes o caudillos en el terreno.

Deben existir seguramente, pero yo al menos, nunca tuve el privilegio de conocer a algún académico que se anime a soltar la seguridad de un salario, ya sea de la facultad, otras veces del estado, como para arriesgarse y probar las teorías que enseñan, en el mundo real y a la velocidad bajo presión de los negocios.

Mis respetos y gratitud hacia estos dueños de empresas donde trabajé, verdaderos capitanes, lobos de mar experimentados en la navegación de las aguas turbulentas e impredecibles del comercio, en Argentina, en zona de frontera directa con Paraguay y Brasil. Si viste la película "Una Tormenta Perfecta", bueno, algo así puede ser algunos días en la vida del pequeño y mediano empresario en estas tierras.

Vulnerables pero fuertes

Algunas de las cosas que aprendí en los años que viví la realidad de una PyME desde adentro, siendo discipulado por algunos de estos héroes que las lideraban (entre los que incluyo a mi papá), es el recuerdo que mientras pasaban por todas las situaciones y estados físicos, psicológicos y emocionales y no haberlos visto jamás en actitud de víctimas.

Pude presenciar su facetas de enojados, felices, preocupados, ansiosos, entusiasmados, sensibles, aturdidos, tristes y hasta llorando de impotencia, pero autocompasivos jamás. Aunque hayan tenido en su momento razones de sobra para victimizarse y culpar a los factores externos, fuera de su control, que pudieran provocabar agotamiento o el desborde de sus energías y la capacidad de trabajo.

Esos motivos podían ser la economía, la política, persecución y presión impositiva, traiciones, deslealtades, ruptura de acuerdos, accidentes, enfermedades y principalmente, como suele a todo soñador visionario: vivir siendo incomprendidos.

Entendí entonces que se puede ser vulnerable y a la vez muy fuerte.
¿Qué significa ser vulnerable? Animarse a vivir con la ausencia de murallas para expresar los sentimientos y emociones. No como para quedarse estancado en ellas, pero sí, para experimentarlas, validarlas y vivirlas.
He trabajado también con los otros tipos de persona, y soy capaz de reconocerlos muchas veces (huye de ellos!!), que son los psicópatas y los "perfeccionistas".

Los psicópatas no suelen dejar fluir las emociones naturalmente, a veces las simulan bastante bien, para manipular, extorsionar. El principal daño que hacen es primero ahogar el espíritu creativo, para así de a poco exprimir a la persona para sus propósitos egoístas.

No he visto empresarios con esa característica, sí he visto varios gerentes y capataces. El empresario necesita y logra conectar con las personas a un nivel de confianza, convencer para conseguir aliados y recursos para el logro de una visión, para dejar un legado o trascendencia.

En cambio a los gerentes, les suele importar más que nada su sueldo. No son dueños ni empleados. Trabajé algunas veces de gerente y no era agradable esa función en el modo tradicional. Traté siempre de que sea un puesto con perfil negociador-conciliador. Nuevamente, gracias, a mis jefes, por esperarme con paciencia a que lleguen mis resultados.

Los "perfeccionistas", en cambio son esos controladores obsesivos de los detalles, de acuerdo a supuestos estándares imaginarios, a su manera. No toleran sin embargo sentir que son controlados, o por lo menos que se le sugieran mejoras. Es difícil avanzar y entusiasmarse con gente así. Se dicen perfeccionistas, pero eso es un disfraz falso, porque no existe la perfección, sí existen miles de maneras nuevas y distintas para lograr metas con resultados.

Mi conclusión es que la condición para que una empresa se sustente con éxito, debe tener como condiciones primordiales servir y agregar valor a la sociedad (la ganancia sólo es una consecuencia de la calidad de ese servicio). Para que este objetivo se cumpla, debe haber vinculación honesta con lo humano. Parte de ser humano, es ser vulnerable, accesible y empático. Dispuesto a pagar el precio de exponerse a eso, conocer necesidades para poder ayudar con soluciones y propuestas reales

Usar un auto acorde al nivel

Dejé pasar unos años, para que con prudencia pudiera reflexionar las experiencias y recuerdos, pudiendo identificar y clasificar como principios aplicables a todo tipo de equipo y organización, las experiencias vividas como consecuencia de las acciones tomadas por estas empresas, comparándolas con principios leídos en la biblia, libros de liderazgo, formaciones de especialistas con resultados en las áreas que enseñan..

El paso del tiempo también permitió que hoy pueda valorar todo aprendizaje, por lo tanto todo lo vivido es ganancia. No existen malas experiencias, sólo aprendizajes aprovechados, o no, de cada situación. Las preguntas que trajeron abundante perdón, gratitud, paz y alegría a esta altura de mi vida es: "¿gracias a esta situación qué aprendí?" y "qué haría mejor la próxima vez?"

Esta maduración recién ahora es así, porque he tenido mis enojos, desencuentros, desacuerdos y rupturas con estas personas en su momento, principalmente debido a mi infantil emocionalidad inconscientemente incapaz de sobrellevar felizmente la presión de las batallas libradas minuto a minuto durante la vida empresarial.

Estas organizaciones de las que formé parte, persistieron sobreponiéndose a las consecuencias de equivocarnos, pagando el precio de las correcciones que hay que hacer en el ritmo y en el rumbo para su navegación, hasta acertar y seguir mejorando perpetuamente.
Aunque cada negocio tiene sus particularidades geográficas y socioeconómicas, las historias con los puntos de enseñanza que te cuento en este libro, ojalá puedan brindarte nuevas ideas, que sé que son bien valoradas por los emprendedores. También puede servir para confirmar cosas que ya sabés o venís haciendo, o darte un empujoncito de confianza y aliento como para decirte a vos mismo "¡pero viste que al final no estaba tan loco o errado!

Ojalá también ayude a muchos emprendedores, que aún no se terminan de lanzar tras sus sueños y quieren tener un punto de partida, como una especie de mapa que le agregue realismo a la teoría, antes de largarse a explorar el camino hacia el tesoro de sus proyectos.

¿Cómo querés leerlo?

Leelo de corrido, salteado o desde el final, como quieras. Lo más importante no es lo que veas acá, porque queda impreso, no se va a ir. Lo más importante es que tengas en tu mano un bolígrafo, anotes las ideas que te vengan a la mente y las mejores en tu versión ideal (¿cómo lo harías vos?). Esas son lámparas que se encienden en tu mente en forma de revelaciones que por algo vinieron a tu cabeza en ese momento. No las dejes escapar.
Capturalas y escribilas en el mismo libro, al margen, arriba, abajo, donde sea. Hacé tu esquemas, flujos, mapitas, dibujitos etc. en el mismo momento en que te das cuenta.
O si preferís en un cuaderno de apuntes aparte.

Las ideas, son energías organizadas de una manera especial, enviadas desde una mente superior, que van buscando por el universo un cerebro donde asentarse, crecer y fluir.
Si estas son bienvenidas y recibidas, llaman a otras miles de ideas: "-hey! Vengan acá, está bueno! Avisen a los otros y vengan que hay lugar!"
Si dejás escapar las primeras, también avisan a las otras: "- vamos nomás, acá no se nos valora". Y buscarán otra mente más receptiva para anidar.

No sé si a vos te pasó, pero a mí, si, que había tenido una idea, no hice nada con ella y al poco tiempo me entero que otra gente la puso en práctica.

¿Cuál fue mi reacción? Eh! Esa idea era mía! Las ideas como los gatos, van donde les tratan bien, no se las pueden obligar a venir con silbidos, fuerza o amenazas

En definitiva, lo más importante no es el libro o lo que yo te diga, sino lo que brota en tu mente mientras vas leyendo.

Imaginate a esas ideas y pensamientos, como lamparitas tipo led para árboles de navidad, que se van a ir encendiendo poco a poco, van a formar al tiempo ese gran árbol iluminado en tu mente que va atraer a muchos para querer verlo.

Lo mejor está dentro de vos, esperando, en forma de potencial para germinar y ser liberado para dar muchos frutos, que beneficien a otros, para materializar tus sueños y perduren dejando un legado.

Por eso, te pido que me permitas compartirte más de estos aprendizajes

Donde se imponga disciplina sin libertad predominará una dictadura forzada; donde la libertad corra sin disciplina predominará la dictadura del caos.

Fui bendecido con un privilegio hermoso. Nunca tuve que pasar mucho tiempo para conseguir un empleo. Y casi siempre en el puesto y en la empresa que quería.

Es cierto, podía conseguir empleo, casi fácilmente en los lugares a los que le había puesto el ojo, porque me los imaginaba de una determinada manera.
Pasaba por un local, y pensaba: -"acá me gustaría trabajar".

A veces me llamaba la atención el logo y lo que simbolizaba a mi entender, otras veces el porte y la actitud de los empleados, también me imaginaba lo que podían llegar a ser, como esas grandes compañías de películas de Hollywood, con ejecutivos súper dinámicos, ambiciosos, hiperactivos y exitosos, siempre planeando, concretando y festejando grandes proyectos.

Pero, tampoco me proyectaba a mí mismo en esa película, estando muchos años o jubilándome en esos lugares. Más que nada, ahora tomo consciencia de ello, que intuía que allí se podría aprender mucho en durante un tiempo. Quería ganar experiencia, y si era posible ¡que me paguen por ello! Más curiosidad que necesidad de un sueldo. Mi autoimagen de mí mismo siempre estuvo en un escenario tipo la serie "Viaje a las estrellas" de los emprendedores independientes.

Y así fue que una de las primeras empresas en los que obtuve un empleo formal, entiéndase esto como contrato legal, beneficios de salud, cargas sociales y todo eso, resultó una escuela maravillosa. La mayoría de las cosas que aprendí allí, fueron principios, conocimientos y desarrollo de habilidades que hacían que sintiera que me sobraran aptitudes para los otros empleos que tuve después.

En el momento de mi incorporación, esta era una pequeña empresa familiar pero con visión ambiciosa y bastante clara de lo que querían crecer y lograr. Fueron muy generosos al invitarme a mí y a varias otras personas con potencial, a embarcarse en el proyecto, pero como suele sucederles a los pioneros de ideas, no son muy comprendidos, no logran mostrar de manera atractiva el sueño y muchos tripulantes se van bajando. Los que no vieron la oportunidad se lo perdieron. Yo la veía, pero después mi corazón apuntaba que quería ir para otro lado. Otros, renunciaron para ubicarse en puertos seguros, pero limitados y aburridos.

Actualmente esta empresa es la más importante en la distribución de materiales para redes eléctricas y de comunicaciones. Me incorporé cuando tenía yo 19 años de edad. La empresita era la número 3 en ventas en una ciudad pequeña de 400 mil habitantes. Eran los mediados de los 90, confusos y contradictorios en algunos aspectos socioeconómicos. Las características eran de períodos de estabilidad inflacionaria, sacudidas cada tanto por los primeros tornados financieros producto del sobrecalentamiento por globalización económica.

Cada vez que pasaba alguno de estos tornados, dejaban un tendal de víctimas y de nuevos ganadores. Los que quedaban en pie, compraban por centavos los negocios fundidos, como que directamente se apropiaban de los despojos de una guerra, botín de clientes y mercados dejados por que no soportaron llegar hasta la próxima meta.

También grandes jugadores, como árboles añejos, resecos, con raíces débiles, troncos comidos por termitas y frondosos caían, quebrados, estrepitosamente. Los ágiles, los astutos, flexibles, rápidos e intuitivos, se ponían a resguardo, a aguantar y esperar la ganancia.
La apertura económica y las privatizaciones en esos años locos, daban una sensación de abundancia y posibilidades, pero sólo algunos sabían cómo construir las redes adecuadas para atrapar los mejores peces en forma de ganancia real.

Se veía mucha "chapa", mucha apariencia de modernidad, pero de ahí a verdaderamente ganar plata, sólo Dios sabe quiénes lo lograron.

Plan Primavera, efecto tequila, reingeniería, reestructuración, ajustes, fusiones. Así eran los 90's. Estaba de moda parecer "yuppie", me parece que en la cultura porteña penetró la potente influencia de la película Wall Street, dirigida por Oliver Stone, en el que el personaje interpretado por Charlie Sheen hacía el rol de un ambicioso corredor de bolsa busca el éxito bajo la tutela de un hombre insensible y muy calculador en los negocios. Bueno, ese parecía que era el modelo. Todos trajeados de la misma manera, dando a entender que vivían en lofts en Puerto Madero, con el objetivo de hacerse millonario antes de los 30 años de edad. Fiestas, champagne, dólar barato y la ostentación obscena como marco bastante bizarro, es la impresión cuando uno ve las fotos ahora.

Afortunadamente los dueños de esta empresa para la que estaba trabajando en esa época eran muy sobrios y austeros. Aunque visionarios y ambiciosos, eran familieros, de costumbres sencillas, como irse a dormir temprano, sin vicios, humildes, accesibles y de bajo perfil.
Su presidente ya arriba de los 50 años, había quebrado otros emprendimientos anteriores, y estaba totalmente jugado en este. No le quedaban muchas chances más en cuanto a lograr un negocio grande y exitoso.
Tenía un socio principal, un señor italiano o con acento bien italiano. Caballero muy distinguido en su apariencia, trato cordial y respetuoso. Casi nunca venía al local, pero cada vez que venía, saludaba uno por uno a cada empleado, se acordaba el nombre y le preguntaba por los miembros de su familia, de los cual también se solía acordar los nombres o si estaba pasando alguna circunstancia especial, como cumpleaños o enfermedad.

También, súper trabajador, de bajo perfil. Tenía varios negocios en puntos turísticos en todo el país, relacionados con la hotelería y gastronomía, por lo tanto se pasaba viajando entre Buenos Aires, Bariloche, Iguazú, Capioví y Posadas, hasta donde yo sé. Casi siempre acompañado por su amigo, compañero de tenis y contador, un hombre también muy simpático y entrador. Recuerdo que cuando lo saludábamos preguntándole como estaba, el respondía con un potente y alegre "¡¡excelente!!". Ambas personas eran lindos modelos para aprender trato distinguido sin parecer arrogante. Inspiraban entusiasmo, fuerza y vida. Por eso fue tan shockeante la mañana en la que entrábamos a trabajar normalmente y nos recibían con la noticia de que el avión que los llevaba se estrelló en Fray Bentos, Uruguay, falleciendo ellos y todos los demás que iban en ese vuelo que nunca llegó a Buenos Aires. La tarde anterior había conversado un buen rato con ellos, porque aparte de parecer buena gente, siempre tenían buenas ideas para los negocios.

El gerente general, hijo del presidente de la firma, era en su aspecto una especie de Bill Gates autóctono. Anteojos grandes, que aumentaban sus ojos inquietos y curiosos, sumamente curioso, inteligente, rápido para aprender y aprovechar las herramientas tecnológicas, con movimientos físicos casi como torpes o distraídos. Pero sumamente tenaz, decidido, enfocado y atrevido para ejecutar cosas nuevas o establecer cambios, contra toda barrera paradigmática. Fue la persona de la que aprendí lo más valioso para el resto de mi vida: nada en este mundo físico es absoluto, todo se puede revisar, mejorar o cambiar. Se pueden demoler estructuras y hacer otras mejores.

Yo estaba fascinado. Eran los mejores años esos tres o cuatro primeros desde mi incorporación, trabajando allí porque aprendía todo el tiempo cosas nuevas, divertidas ¡y me pagaban por ello! También porque fue la primera vez que estuve en un ambiente en el que se podían cometer errores libremente, siempre y cuando era por intentar algo efectivo. Toda una revolución para mí!

Hasta ese momento, en casi todos los ambientes que había estado, ya sea social, familiar o educativo, los errores o los intentos sin permiso se castigaban severamente, y a los innovadores o de pensamiento creativo se los segregaba o ridiculizaba.

Al par de años que me incorporé, la empresa pegó un gran salto en su crecimiento. Nos mudamos desde un local alquilado que entre depósito, oficinas y showroom rondaría los 1.000 m2 con u$200.000 de facturación mensual, hacia instalarnos en edificio propio nuevo, de casi media manzana, con estacionamiento, salida a dos calles, dos niveles de plantas y una facturación mensual de 1 millón de dólares/pesos, valor de la moneda según el sistema de convertibilidad monetaria en ese momento.

La empresa crecía al ritmo de un nivel de consumo abundante, la irrupción de nuevas tecnologías de telecomunicaciones, nuevos jugadores en el mercado, productos importados, y mucho crédito para consumo. Era la época de las tarjetas y el champagne incorporados como novedad a la clase trabajadora argentina.

Los empleados, especialmente los que desempeñábamos roles comerciales, estábamos eufóricos, fascinados con esa cultura "yuppie". Comprábamos esa especie de fantasía que veíamos que vivían nuestros contactos habituales en Capital Federal. Una vida supuestamente lujosa y exitosa. Varios de nuestros proveedores se instalaban con sus oficinas en la paquetísima zona de Puerto Madero. Y si no estaban en ese barrio, nos llevaban a hacer las reuniones almorzando o a tomar un café allí, mientras hablaban con sus Movicom, primeros celulares del tamaño y forma de un ladrillo.

Recuerdo que en una de esas idas, fui a visitar a un ex compañero de trabajo, que se enroló en la compañía IBM. Fue la primera vez que entré a uno de esos edificios vidriados espejados. La oficina con varias secretarias, vista al Río de La Plata era simplemente intimidante. Lo felicité y me dijo algo que me bajó a tierra de un piedrazo:

- "Esto no es la realidad. Esto no es mío. Mi realidad es mi salario y lo que vivo cuando voy a mi casa con la calidad que lo puedo llegar brindar o no a mi familia."

Wauuuu!!, me sacó las gafas de los espejitos de colores y siempre le voy a estar agradecido. Desde allí aprendí a apreciar los lujos pero sin pretender vivir en un escenario virtual sin el sustento de la billetera real y los valores realmente importantes. A no perder de vista nunca eso.

Igual, a pesar de todas las señales de advertencia que venían, externas o desde la conciencia, nuestra adrenalina se solía trasladar a los gastos particulares que hacíamos los simples y mortales empleados: ropa de marca, perfumes importados, tecnología nueva pero inútil, consolas de juego (¡Sega o Family! No podía vivir sin ellos!) más de un automóvil en muchas cuotas dolarizadas, etc.

Pero en cambio los dueños de nuestra empresa se mantenían serenos y austeros. En todo caso aprovechaban las ventajas del tipo de cambio para comprar maquinarias de producción, que en otro tiempo o situación sería imposible. Y recuerdo que nos aconsejaban sabia y hasta paternalmente, que nos mantengamos sin deudas, o invirtiendo en las cosas realmente valiosas como terrenos y ahorros.

Pero eso implicaba postergar mis gratificaciones y caprichos. Quería vorazmente, como un niño malcriado, muchas cosas y ¡ahora!

Me da vergüenza admitir que como todo persona con carácter débil, tenía poca tolerancia a disciplinar mis deseos más superficiales.

La flota propia de vehículos utilitarios de la empresa ocupaba más o menos un 30% del estacionamiento asignado. Se entremezclaban con los modelos fabricados hacía un par de años, bastante básicos y estándar, como un par de Fiat 147 para los viajantes, Volkswagen Saveiro para el desplazamiento de los técnicos e ingenieros hacia las obras que se estaban ejecutando y una humilde furgoneta Citroën, que cumplía su función de manera fiel y económica en cuanto a consumos de combustible y mantenimiento, para los repartos cortos y livianos.
La parte moderna de la flota estaba compuesta por unos furgones KIA y tres utilitarios Renault Express. El restante 70% estaba ocupado por los vehículos de los empleados directos y tercerizados, unidades que eran nuevas 0 Km o semi nuevos, algunos incluso importados de alta gama.

El clima de la organización era bastante bueno y entusiasmante, por eso era corriente que me quedara voluntariamente un par de horas más después de las 20:30 que era la de cierre del local, un poco lo hacía para bajar la adrenalina y otro poco para poder seguir trabajando en cosas que necesitaba no ser interrumpido por clientes presenciales o por el teléfono; tares tales como completar ofertas para licitaciones, cálculo y comparaciones de costos y lo presupuestos más extensos y peleados con la competencia.

Una de esas noches me tocó vivir una de esas experiencias "¡Ahhhá!!", que le hacen a uno darse cuenta de algo importante.
Yo era uno de los dos últimos en salir, era uno de los que tenía llaves de entradas principales y la clave para activación y desactivación de la alarma del local. El otro, que se había quedado hasta tarde esa noche, era el gerente general de la empresa, hijo del presidente. Estaba yo esperando un taxi, en la vereda, porque mi auto estaba en el taller mecánico en esos días, cuando justo sale él y se ofrece para llevarme hasta mi casa.

- Mirá que es lejos (le dije)
- Dale, no importa, así aprovechamos y nos contamos novedades
- Ah bueno, dale! Ahora que lo pienso ¿cuál era tu auto?
- No tengo, vamos en este (señalándome la furgoneta Citroën 3CV)

Increíble! La empresa facturaba 1 millón de dólares mensuales y su CEO no tenía auto propio. Ni siquiera trabas de seguridad en las puertas poseía este vehículo. Se lo arrancaba sin llave, uniendo dos cables de contacto, y el nivel de nafta lo calculábamos moviendo el vehículo para sentir el sonido del líquido en el tanque. Y a rogar que no te caiga una lluvia, especialmente de noche porque no andaba el limpiaparabrisas.
Obviamente la primera pregunta que le hice tenía que ver con eso. Me regaló en minutos una simple pero fundamental lección de finanzas personales y de vida intencional:

- "El dinero que dispongo para mis gastos no es del flujo ni del capital de la empresa, sino del sueldo que recibo del pago como gerente. Este sueldo, que fue decidido en el directorio y escrito en el estatuto, hasta que no se obtuviera un determinado nivel de rentabilidad neta, sería modesto.
Además tenía otras prioridades por delante: construir mi casa y ahorrar para la educación
de mis hijas. Por eso ni televisión por cable tengo.
No uso tarjetas de crédito ni préstamos para consumo. Si me compro algo tiene que ser consensuado con mi esposa y generar el ingreso constante para ello."

Este muchacho daba el ejemplo, constantemente con la austeridad y disciplina. Sus metas personales estaban literalmente atadas al éxito de la empresa. Recuerdo también que los pocos días de vacaciones que se tomaba, eran en cabañas sencillas y económicas, en la selva misionera, a no más de 200 kilómetros de nuestra ciudad, mientras nosotros los empleados nos íbamos al mar en Brasil.

Cumplir determinados principios, a la corta o a la larga, tiene sus recompensas. Además de lograr una empresa exitosa, al poco tiempo ganó en un sorteo en una cena de fin de año, de comerciantes, y se llevó un auto Renault Twingo 0km.

Las otras lecciones que me dejó esta experiencia:

Luchar para mantener el enfoque en las prioridades que acercan y redirigen el rumbo hacia la visión. La vida tratará de mil maneras diarias de distraer y desviar eso. Si no somos intencionales en el manejo del timón del viaje hacia los propósitos, terminaremos en cualquier puerto que no queríamos.

La firmeza para no ceder a la tentación de la golosina barata de las auto gratificaciones inmediatas que de a poco va debilitando los dientes y garras para el momento en que lleguen las luchas que valgan la pena.

Cada vez que cedemos,

fomentamos nuestra debilidad de carácter.

Tomate un minuto y anotá lo que te dice tu mente en este momento

¿Cuál es el propósito de tu trabajo en tu PYME cada día?
¿Qué lecciones aprendiste del pasado en el que compraste cosas que no conducen a tus objetivos?
¿Cómo considerás que es tu nivel de fuerza resistencia para no

ceder a las tentaciones de las "golosinas" financieras que satisfacen caprichos pero no nutren tus sueños?

Fortalecer el músculo más importante

Seguramente el músculo más importante que debe fortalecer un líder PyME es el del carácter para poder mantener el foco en las prioridades y la visión, encarrilando los recursos y energía siempre hacia esa dirección, sin ceder al apresuramiento de las auto gratificaciones y las trampas seductoras del ego para querer parecer y pertenecer por status social.

Escribía en el capítulo anterior sobre la austeridad del CEO de la empresa distribuidora de materiales eléctricos para la que trabajaba en los 90, que usaba como vehículo particular una furgoneta Citroën 3CV.
Entendí en esa lección que la disciplina es uno de los niveles elevados de la conciencia empresarial de un líder.
Mantenerse en foco es el fruto de un buen carácter moldeado por hábitos intencionalmente planeados y ejecutados.
La muñeca que conduce, guiada por la mente disciplinada del líder sostiene los recursos en las prioridades de la visión empresaria. Encarrila la energía, aguanta la presión del apresuramiento y la tendencia a la reactividad que ejerce el entorno más débil y reactivo para sortear sus circunstancias. Evita los atajos de la complacencia. Ningunea a las fantasías del status manteniéndose humilde y despierto.

En la época en que mi jefe manejaba una empresa pujante y un Citroën 3CV, sus competidores, que en ese momento eran más grandes, no eran muy amantes de las características como las que describo en el capítulo anterior.

Cerca del año 2001 se avecinaba una tormenta económica que se anticipaba con señales claras, pero que parece que nadie quería ver.
La dirección de nuestra compañía tomó una decisión culturalmente y socialmente vergonzante, para ponerse a salvo junto con la mayor cantidad de empleados posibles.
Restringir dramáticamente gastos, reducir personal y realizar una convocatoria de acreedores, eran las declaraciones públicas de que reconocíamos que teníamos problemas graves (¿y a quién le gusta reconocer propios problemas y debilidades?).
Al mismo tiempo nuestros colegas competidores seguían al mismo ritmo que traían desde antes. Verdaderamente la repetida metáfora de la fiesta en el Titanic que continuaba mientras se estaba hundiendo. Algunos de ellos sostenían un ostentoso y hasta bizarro perfil alto en la vida social, especialmente en cuanto a la actividad social nocturna.
Gracias a Dios, nuestros directivos eran bastante "aburridos", se iban a dormir temprano, se levantaban temprano, muy familieros, de andar en tribu, pero no muy aficionados a las fiestas sociales.

Una vez que se formalizó la convocatoria, la reacción de los proveedores transcurrió con diversas reacciones y estados de ánimo. Desde la sorpresa, pasando por el estupor, la indignación, el enojo y hasta las amenazas. Para mí fue un momento muy duro porque con algunos ejecutivos de ese sector llegué a desarrollar una confianza y amistad. Con un par de ellos había estado durante esa misma semana, compartiendo almuerzos de negocios, entonces suponían que yo tenía esa información interna que, de habérselas compartido podría haberlos resguardado de quedar pegados con el nivel de crédito que permitían hasta ese momento.

Pero bueno, estábamos decididos a soportar la afrenta lo más dignamente que pudiéramos.

Creo que en ese proceso no perdimos a ningún cliente. Dimos la cara y contábamos la verdad a quienes les interesaba y nos preguntaba.

Hasta que un día la tormenta perfecta llegó: recesión, debilidad de poder del gobierno, corralito bancario con incautación de los ahorros y fin del esquema monetario de convertibilidad de 1 dólar equivalente a 1 peso.

Consecuencias para el resto de las empresas que no tomaron medidas duras a tiempo: la casi total extinción de nuestros competidores y obviamente de una gran cantidad de PYMES de todos los otros rubros que no tuvieron discernimiento o no tomaron acciones correctivas a tiempo.

Recompensas para nosotros: gracias a la hábil conducción con el carácter disciplinado de nuestros directivos, se logró pasar la tormenta, y más adelante, al reactivarse la economía desde el año 2003, nuestra empresa resurge victoriosa, consolidándose hasta ahora como líder absoluta en el mercado de la distribución de materiales para las redes de energía y telecomunicaciones.

Mi aprendizaje sobre esta experiencia fue que en los negocios las decisiones deben estar firmemente sostenidas por la disciplina y dirigida hacia la visión, entonces se debe renunciar a las poses de imagen y autoengaños.

Lo qué haría distinto si me tocara una situación parecida en la actualidad es ser más radical en la intencionalidad en el uso de mi tiempo y recursos. Tomaría acciones inteligentes y firmes de austeridad lo más temprano posible y establecería un sistema que no dependa de mis emociones inmaduras y caprichosas para evitar tomar deudas para productos de consumo y gastos de ocio, para poder ahorrar y dirigirlos hacia más inversión

Pre-meditar el crecimiento

El mercado no suele brindar grandes reconocimientos por antigüedad o permanencia, no paga eso como un valor agregado, el cliente se mantiene fiel por otras cuestiones también. El crecimiento de tu empresa no sucederá naturalmente.

¿Tu PyME tiene un plan de crecimiento?

No es suficiente trabajar mucho, incluso vender mucho. Que la empresa tenga mucha actividad o movimiento no significa que esté creciendo o mejorando. El trabajo intenso no necesariamente conducirá al triunfo. Sería por lo menos imprudente adoptar el pensamiento mágico de que el negocio se va a desarrollar favorablemente por la magia o por la justicia universal nos favorezca porque nos merecemos.

El mercado se manifiesta en este aspecto como la vida misma, que no es linealmente estable, no es predecible o ni siquiera justa. A veces es cambiante y desconcertante. Por lo tanto no podemos poner tantos factores en sus manos de la evolución natural o de la suerte.

En una empresa industrial del rubro de los plásticos, en la que trabajé durante un par de años como jefe de planta, su dueño, a quien yo reportaba, me hacía estas preguntas permanentemente:

¿Qué mejoras podemos lograr en lo que hacemos bien actualmente?
¿Qué aprendimos de lo que hicimos mal hoy?
¿Cómo podemos conectarnos más y mejor con la comunidad y los clientes?
¿Estamos desarrollando nuestro instinto y sagacidad?
¿Cuáles son las oposiciones que se nos pueden presentar en el futuro y como las derribaremos?
¿Qué fundamentos tenemos de que en el futuro nos va a ir bien?

Este hombre, fundador y presidente de la compañía, es un hombre sumamente talentoso, trabajador, perspicaz, astuto y honesto. Me causó una gran sorpresa cuando me enteré que fui convocado a una reunión personal para proponerme el cargo de supervisar los volúmenes y la calidad de su producción. Es que en mi autoimagen yo consideraba que mi perfil era más bien comercial, ya que me sentía a gusto con las tareas de vendedor o promotor de productos y servicios. Y esta tarea era totalmente nueva para mí, se trataba de procesos de fabricación, impresión y corte de envases de plástico.

La planta era un sistema en funcionamiento, experimentado, activo, bien tecnificado y perfeccionado. Yo mientras observaba, pensaba que no había que agregar nada porque todo lo que se estaba haciendo en operativa y logísticamente ya estaba bien.

Cuando le pregunté si realmente estaba seguro de que yo podría cumplir sus expectativas haciendo bien esa tarea, él me dijo

"-yo le voy a pagar para que usted solamente observe durante las jornadas, tome nota, me comente y me conteste luego las preguntas que le voy a ir haciendo cada tanto".

El resultado, luego de haber transcurrido varios años de haber vivido esta experiencia me sigue sorprendiendo, ya que día a día se pudieron lograr mejoras de todo tipo.
Cada detalle puede hacer una muy buena diferencia en el rendimiento de la producción, la administración, la logística, las personas, la energía, los costos, en definitiva, la rentabilidad y el valor de la empresa.

Uno de los grandes aprendizajes que me llevo de este líder que logró convertir su PYME en una gran empresa es que siempre, siempre, siempre se puede mejorar (y se debe).
Como líder, buscar ser estirado hacia la gran visión y estirar al resto del equipo mejorándolo para poder llegar a un gran destino

Lo que haría en la actualidad si me toca vivir una situación similar es tratar de lograr una mentalidad más abierta, descartando la palabra imposible para reemplazarla por la pregunta ¿cómo se puede lograr esto que deseo?

Revisar y cuestionar el liderazgo

El líder PYME que más acepte la responsabilidad por quien es y en qué se puede convertir, obtendrá los más fabulosos progresos y mayor será su contribución.

Una de las personas con las que gracias a Dios pude convivir laboralmente aprendiendo muchísimo durante un par de años fue, llamémoslo, Joaquín, para respetar su perfil bajo que tanto cuida.
Además de ser un tenaz y silencioso trabajador es un líder productor e inteligente en el armado de equipos.
Joaquín es el fundador y presidente de una empresa industrial que se dedica a la fabricación y venta de envases plásticos y de papel.
Trabajar en su staff como jefe de planta y a cargo del control de producción, fue revolucionario para mis estructuras de razonamiento, porque casi siempre antes de eso, mis los roles de vendedor o comprador habían sido con mucho uso de la intuición y lo aprendido de mi papá como comerciante.
Y esto hora era totalmente nuevo para mí, ya que se trataba de la ejecución y supervisión de procesos industriales altamente tecnificados, estructurados, bien pulidos y perfeccionados durante años.
Mi impresión era, al cabo de unas semanas de observar el funcionamiento de la planta y admirando la habilidad de los operarios, de que quizás Joaquín se había equivocado al elegir mi currículum, porque mis distinciones no permitían discernir qué aportes de mejoras podría darle yo a la compañía.
A tal punto, que sintiéndome un poco agobiado y al no sentir que podía andar al pulso del resto, incluso me atreví a sugerirle que en mi reemplazo incorpore algún ingeniero químico, electromecánico, especialista en seguridad e higiene o hasta algún militar retirado que simplemente garantice el cumplimiento de los procesos.
Me respondió serenamente que no, porque ya había probado con esas opciones y no le había resultado.
Me dijo que lo que le gustaba de mí era la capacidad para llegar pacientemente a acuerdos coordinados entre los distintos departamentos de la empresa, porque estos eran muy diferentes entre sí en cuanto a formación, nivel cultural, carácter, y funciones, que abarcaban desde la toma de los pedidos de los

vendedores, pasando por los de arte y diseño, administración y fabricación.

La clave estaba en una comunicación clave y fluida entre todos los sectores para asegurar que el producto fabricado sea exactamente lo que quería el cliente en el plazo pactado.

Fue muy valiente la apertura de este señor al confiarme esa tarea. Aprendí mucho de su humildad, respeto y predisposición para escuchar tomando nota y poniendo acción de mis observaciones e ideas.

En esos años tuve que madurar aceleradamente la capacidad de pensar bien lo que iba a decir, restringir una práctica habitual que tenía hasta ese momento que era "pensar ideas en voz alta", porque algunas veces él al escucharme hacía poner en acción lo que para mí sólo era una especie de borrador. Tuve que cambiar, ser muy prudente prudente, planificando más mis conceptos con un fin en mente.

Siempre le voy a estar agradecido el potencial que vio en mí y el haberme forzado estirarme a absorber conocimientos en la acción y bajo presión practicando simultáneamente tantas cosas, obteniendo así un crecimiento que no habría surgido jamás de manera natural.

Suelo resumir mi experiencia laboral con este líder contando que si no tuviera la necesidad de trabajar durante un par de años, si él me lo permitiese, me dedicaría a trabajar gratis cerca suyo con tal de aprender todo lo que pueda, porque tiene una mente con mucha energía, brillo, tenacidad y visión que impulsa a crecer por magnetismo a todos los que están a su alrededor.

Uno de los principales puntos de aprendizaje de esta experiencia vivida es que si un líder tiene la intención de hacer crecer su PYME hacia gran empresa, necesariamente va a tener que poder identificar cuáles son los paradigmas o ideas engañosas preconcebidas que pueden frenar o hacer más lento poder desarrollar mejoras permanentes en los sistemas y en la estrategia adecuada para lograr tus metas

Teniendo esto meditado y evaluado lo que haría distinto hoy si me tocara una situación parecida es que confiaría más en el criterio del CEO, no intentaría hacerme pasar como suficiente conocedor de todas las cosas, me relajaría mucho más para poder estar presente con todos mis sentidos y dominios enfocados en aprender observando. También hacer muchas más preguntas y esfuerzo a una canal ancho, permanente, claro y fluido en la comunicación con mi jefe y con la cada uno de los colaboradores del equipo.

Hacer lo mejor en vez de tratar de tener la razón

Si me llegan a preguntar en qué perdí más tiempo, energía y buen humor en mi vida, fue en tratar de tener la razón.
Y cuando me refiero a esto, no sólo estoy hablando de duelo de discusiones o actos, sino también a quedarse enganchado varias horas o días en los que el pensamiento quedó estancado, como un disco rayado, con conversaciones internas imaginarias, en las que vamos armando un guión innecesario.
Como un ping pong de respuestas y respuestas: "si me dice esto, le voy a decir aquello"; "si me dijo aquello, qué me quiso decir en realidad, seguro que x"; "pero no tiene razón, yo tengo razón por esto o aquello"…

Siempre que iniciamos una sesión de coaching grupal o de mastermind con mi esposa, lo hacemos con alguna dinámica o juego que implique identificar concientemente el uso de la corporalidad y las emociones. La idea es tratar de sacar del estado de transparencia apoyado en sólo el uso de la razón para que los integrantes puedan aprovechar al máximo la experiencia de aprendizaje.

La razón tiende a ser crítica y a estar a la defensiva. En un estado de relajación, confianza y buen humor se aprende mucho más en cantidad y velocidad.

A la razón le cuesta aprender cosas nuevas, porque quiere seguir teniendo todo controlado. Hace que la persona se aferre tanto a ella, que la prefiera antes que ser feliz o mejorar sus resultados.

Durante la crisis política-social-económica que se vivió en Argentina en los años 2001/2002, la empresa comercial dedicada a la venta de servicios y materiales eléctricos y telecomunicaciones, tuvo que tomar la dura decisión de reestructurarse drásticamente y ello implicaba tener que ir despidiendo paulatinamente al personal.

En todo momento se estuvo comunicando de manera clara que el criterio sería ir cerrando las áreas menos rentables, tratando de mantener en la plantilla solamente a las personas que pudieran aprender y adaptarse rápidamente a nuevas funciones en fusiones internas.

Para mí eso estaba clarísimo, lo había entendido y mi estrategia de supervivencia laboral se basó en aprender rápidamente todo lo que pudiera sobre todos los temas, incluso con audacia, cuando los demás compañeros se volvían más conservadores, con audacia tomaba la iniciativa de proponer nuevas variables en mi propia remuneración, atándola al rendimiento de los negocios.

"Pagame solo si ganamos con nuestro negocio" son palabras mágicas para algunos patrones.

Pero en cambio, la mayoría de mis colegas se aferraban a una fantasiosa esperanza de que no serían despedidos por motivos que argumentaban en los pasillos.
Algunos de esos mitos eran:

"Si no hago nada malo no me pueden despedir"
"Tengo familia, tendrían que despedir primero a los solteros"
"Tengo mucha antigüedad en la empresa"
"La tarea que yo hago es irreemplazable"
"El ministerio de trabajo va a defenderme y no lo va a permitir"

Obviamente, la decisión de la dirección de la empresa ya estaba tomada, el objetivo único y principal en esta crisis era salvarla y los recortes fueron quirúrgicos, fríos, firmes y legales.
Sobrevivimos! La empresa y yo dentro de ella. Hasta donde quise, pude permanecer en esta firma, pero la mayoría de los que no cambiaron fueron despedidos

Existe un tipo de evolución que sucede de manera natural. Tiene que ver con el crecimiento y la expansión natural de las cosas. Los seres vivos nacemos y vamos cambiando sin esfuerzos conscientes, con la suficiente información almacenada en el ADN, que nos permite obtener los nutrientes necesarios para volvernos fuertes y propicios. El medio ambiente y el hogar cumplen la función de cuidarnos a los humanos para que podamos llegar a una versión adulta bien desarrollada y fuerte.
Pero llega un punto en el que ya debemos dejar de esperar el sostén del entorno y la naturaleza, porque incluso los que antes nos ayudaban pueden volver competidores. Un árbol que crece en un bosque, debe adaptarse y estirarse más que su vecino para alcanzar la mejor luz del sol y el agua, para poder sobrevivir y dar así buenos frutos.
Los adultos en la manada, con fuerza, resistencia e inteligencia, van disputando y definiendo los roles de líder o seguidor, o quizás

como débil desechado para ser ofrecidos a los enemigos depredadores para provecho y subsistencia de toda la cadena alimenticia.

Con los negocios y organizaciones sucede algo similar. Nacen con el aporte de algún capital, encuentran o se refugian en segmentos o nichos comerciales propicios, pero luego las condiciones ambientales socioeconómicas pueden ir cambiando rápidamente.

A los competidores les puede pasar queda pronto les gusta nuestro nicho, les parece interesante y lo desean, entonces surgen las amenazas, otros crecen y nos chocan en su expansión y así van queriendo ocupar nuestros territorios.

Entonces la existencia de una PYME no puede estar ligada a una esperanza de su liderazgo basado en que "tendría que mejorar la cosa en algún momento porque esto no puede seguir así", o sea un optimismo insustancial aguardando una mejor suerte o porque estemos convencidos que corresponde, es justo y merecido que nos vaya bien.

El punto de aprendizaje de esta experiencia que quiero compartirte es que el crecimiento debe ser pre-meditado, con metas claras en tiempo, tamaño, señales, recompensas y propósito. El líder PYME si quiere sobrevivir y llevar su equipo a grande debe permanecer alerta y atento a los faros y señales de alerta para frenar, cambiar el rumbo o ir más rápido. Debe aprender y enseñar a soltar lo más rápidamente posible la autocompasión o el gastar energía buscando determinar los culpables de lo que está pasando fuera del círculo de influencia.

Lo que haría de distinto si me tocara pasar una situación parecida es tratar de poner de manera lo más clara y objetiva mi mente en modo radar para poder detectar nuevas oportunidades con acciones de supervivencia con ataque-no defensa, porque cuando los demás están huyendo en manada por temor, se pueden aprovechar muchos despojos que van quedando en la retirada.

Pensar como emprendedor y pionero

Una vez coincidimos en un asado con un ex compañero de la escuela secundaria que maneja una gran empresa de transporte de cargas.
En un momento me acordé que teníamos un amigo en común que estaba trabajando con él y me dijo que sí, y que estaba justamente estaba postulándose para irse a otra firma de un colega competidor pero en otra ciudad. Esto no le molestaba porque aunque le caía bien, era medio vago, y a tal punto que le ofreció hacerle una carta de recomendación.
El asunto es que no quería mentir acerca del empleado, pero tampoco decir la verdad, entonces le encontró la vuelta y decidió poner en la carta de recomendación:

"Estimado colega, vas a ser muy afortunado si hacés que esta persona trabaje para vos"

Cuando yo era un niño en mi ciudad de Posadas existía una cadena de pinturerías cuyo nombre llevaba el apellido del propietario. Logró establecerse como una marca amigable, tradicional, confiable, de esas que uno supone que van a estar siempre, pase lo que pase.
Una letra M era el logo característico fácilmente reconocible si apelamos a la memoria de los misioneros de más o menos mi generación.

Un tiempo más tarde, el propietario, inició una carrera política y casi llega a ser intendente. Capitalizaba bastante bien su aparente simpatía y confiabilidad.
No sé cuál era su intención, pero parecía que sus años más experimentados los iba a vivir en la función pública y sus descendientes continuarían acrecentando el legado de la marca de manera casi natural.
Bueno, al final no resultó así. Su carrera política se terminó diluyendo y las pinturerías desaparecieron.

Esta historia me hace recordar este punto, el cual es que la mayoría de las personas me parece que no tienen un plan claro de crecimiento intencional para sus vidas y negocios. Y aún menos son los que saben enseñar y transferir su visión.

Es oportuno hacer una diferenciación entre el emprendedor pionero y los líderes.
El emprendedor pionero tiene tanto ímpetu y pasión, que con eso le alcanza para arrastrar e incluso llevarse puesto a los demás que forman parte de su entorno para lograr sus deseos. Suelen llegar a modificar escenarios, correr las fronteras, derribar paradigmas y definir realidades.

Los líderes PYME son especiales, porque se salen de los moldes de la masa media. Pero fracasan en algo súper importante: no tienen paciencia para mostrar a otros cómo se hace

No saben cómo alimentar sustentablemente la energía que mantiene en movimiento su empresa, esa fuerza que la hizo despegar desde la superficie plana a toda máquina. Todo termina dependiendo entonces de solamente su empuje, su ánimo, su inteligencia, su salud y su control. Entonces cuando se debilitan, se apagan o cuando intentan expandirse, se dispersan y se terminan diluyendo.

Lo he visto varias veces, y yo mismo lo he hecho con mis emprendimientos propios. Podemos ser buenos y entusiastas vendedores o industriales trabajadores y apasionados, pero impacientes, que lo queremos hacer todo por nosotros mismos.
Entonces el resto del equipo se termina cansando, se siente no escuchado y dejan de seguir voluntariamente los objetivos y la misión propuesta por el líder cuando dejan de estar presentes físicamente.

La solución la tienen los que se convierten en líderes que forman a otros líderes. Estos ven mucho más allá de lo que sólo sus ojos naturales ven. Son los visionarios.
Y este liderazgo se puede aprender, de muchas formas, pero yo recomiendo siempre los libros y capacitaciones de John Maxwell quien es el gurú número 1 del liderazgo a nivel mundial. Nadie tiene tantas publicaciones y resultados en cuanto a liderazgo como él.
Los principios que enseña permiten a los líderes hacer pasar todo tipo de desierto para introducirlos en la tierra de los negocios grandes y sobreabundantes.
Su estilo es sencillo, ameno y con buen humor. Desde que me conecté con sus libros y grupos de mentes maestras realmente he podido mejorar los resultados para mi vida, familia y profesión. Y miles de personas en todo el mundo están logrando llegar a sus niveles soñados.

Lo que pude aprender de esta observación es que si el trabajo ocupará la mayor parte del tiempo de nuestra vida, deberíamos preguntarnos siempre antes de ponernos a invertir nuestro tiempo, energía y recursos para hacer algo ¿por qué lo haría? ¿esto es coherente con mi propósito de vida? ¿beneficiará a alguien más?

¿Qué haría distinto en la actualidad si observo algo parecido?
Al ponerme a admirar algo a alguien trataría de descubrir ciertas señales ¿hay intención de crecimiento y liderazgo? ¿inspira este modelo que estoy observando a agregar valor a la comunidad?

Aprovechar los errores propios

Uno de mis clientes cuando vendía maquinarias industriales, dueño de una empresa constructora, me contó que en sus inicios le tocaba personalmente pagar las quincenas a los obreros. Esta fue más o menos la conversación que había tenido con uno de ellos:

- Jefe, esta quincena me pagaron de menos.
- Si, ya sé, pero la quincena pasada te pagamos de más.
- Sí, bueno, un error se puede entender, pero dos…

Cuando uno sabe lo que quiere es capaz de pedirlo en forma directa y transparente. Entonces el universo con sus fuerzas trae exactamente eso que queremos.
Querer lograr un sueño a través de una visión empresaria me parece un estupendo modo de desarrollarse en la vida.

El paso que sigue es diseñar el "¿cómo?". Gran parte del "¿cómo?" se diseña y se perfecciona haciendo. No da quedarse demasiado tiempo diseñando planes, porque éstos, además de ser solamente una mera teoría, suelen volverse obsoletos al momento de ponerlos en práctica en el mundo real de la vida y los negocios.

En la fábrica de envases plásticos en la que trabajé un par de años, las máquinas operaban casi automáticamente. La intervención humana se requería solamente como para configurar el recorrido de las bobinas de polietileno y para cargar las tintas de la impresión, o sino para modificar el espesor y las medidas del ancho del material. El operario experto va haciendo hace una supervisión a ojo y ayudado con los sensores para poder controlar la calidad de lo que se está fabricando, haciendo los reajustes finos necesarios durante el proceso.

¿Qué falla podía ocurrir? Bueno, a veces sucedía que al ser tan rutinaria la tarea, el operario se distraía conversando con algún compañero o se apuraba intentando adelantar sus entregas haciendo simultáneamente otra tarea, y entonces justo en esos minutos sucedía algún evento inesperado que dañaba el material, por lo tanto representaba el costo innecesario de tener que detener la máquina o descartar mercadería que no llegaba a cumplir los requisitos mínimos del control de calidad.

Todo sucede a una velocidad tal que a veces la pérdida en esos minutos representaba más de lo que ganaba el operario en un mes. En esa situación propuse que tratásemos de no enfocarnos tanto en castigar al operario sino en encontrar un sistema para que eso no vuelva a pasar. El rigor es un elemento que puede ser útil, en dosis adecuadas, pero no garantiza una mejora.

Una de las metodologías de las escuelas de la vida es la se basa en los ásperos roces o golpes duros, también conocido como "aprender por las malas" o ser "hijos del rigor". Creo que todos hemos pasado y seguramente seguiremos rindiendo materias con ese sistema.

No tiene sentido vivir con miedo tratando de zafar, en cambio lo mejor es aprender lo más rápido posible, cambiando para mejorar algo.

La experiencia vale la pena cuando es reflexionada.

La experiencia por sí sola no es sabiduría, es buena cuando nos mejora.

Los aprendizajes en el mundo real (no teórico) de los negocios suelen ser así. A veces nos recuerdan a las escenas de películas espaciales en la que la nave va pasando entre una lluvia de asteroides golpeándola, dañándola y desestabilizándola durante unos segundos que parecen una eternidad.

Los líderes PYME que llevaron sus empresas a grande, con los que tuve la bendición de trabajar, me mostraron con su ejemplo qué importante es meditar, establecer, planificar, evaluar y hasta intuir el crecimiento de la organización. Asumieron la responsabilidad de establecer y promover sistemas autosustentables cuyo cumplimiento sea garantizado sin depender del buen o mal ánimo humano con respuestas a preguntas como estas:

¿Cuáles son las áreas que quiero crecer?
¿Cuáles son las áreas en las que tengo que crecer?
¿Qué nos hace falta aprender?
¿En qué debo ser más firme y estable para mantener o apurar el ritmo?

Aprendí de esta experiencia que cada situación buena o mala puede ser evaluada y mejorada intencionalmente.

¿Qué haría de distinto en una vivencia similar hoy? Trataría de tener una mayor predisposición a promover exponer con claridad las fallas, especialmente las mías, para desmenuzarlas y diseñar una solución para el futuro. El miedo al castigo hace que las personas oculten información muy valiosa para perfeccionar el funcionamiento de la empresa.

Ganar-ganar-ganar

La mente cada vez que logra un pensamiento lo vive como una victoria que hay que celebrar, porque está siendo inspirada.
Una de las cosas más inteligentes que vi en mi vida era lo que hacía la empresa de comercialización de materiales eléctricos y telecomunicaciones en la que trabajé ocho años.
Recuerdo que alentaban a los líderes de cada unidad de negocios a que viajasen, cuantas veces lo deseen y sea posible a visitar para conocer las fábricas y las casas matrices de nuestros proveedores.

Podría llegar a contar con los dedos de una mano las oportunidades en las que se nos envió a asistir a entrenamientos o cursos tradicionales.
Con la excepción de los grupos de coaching y mastermind, los demás suelen ser muy teóricos, se desarrollan con el formato típico alumno-profesor.
Me doy cuenta hoy que lo aprendido, si no se convierte en una experiencia vivida de inmediato, casi siempre queda en el olvido y casi no quedan después posibilidad de aplicar.
He asistido a muy buenas escuelas, cursos y entrenamientos, pero no me acuerdo de casi nada, estimo que un 20% como máximo tengo presente en memoria y lo práctico.

Lo que experimentábamos cada vez que nos encontrábamos en las sedes de esas empresas proveedoras, y también de algunos clientes, luego emprender viajes a veces de más de 3000 kilómetros para llegar hasta los centros industriales, de logística o comercialización, era poder charlar cara a cara con los directivos y empleados, comer con ellos, participar a veces en algunas tareas de la cadena de producción, recorrer las instalaciones, plantas, oficinas y mi dinámica preferida que es poder interactuar con sus clientes en la negociación para vender. Toda esta actividad cuando se desarrollaba durante tres o cuatro días era de altísimo valor, porque anclaban positivamente todos nuestros sentidos y dominios.

Seguramente alguien de visión empresarial corta podría decir que es muy elevado el gasto en pasajes aéreos, estadías en hoteles y jornadas laborales "no producidas", pero por lo vivido y los resultados puedo asegurar de que es la mejor inversión en capacitación que puede existir.
Se logran establecer relaciones estratégicas, se unen propósitos y se obtiene el roce empresarial de alto vuelo que sirve para todo en la vida.

Nuestro proveedor lograba también hacer una diferencia contra sus competidores porque literalmente hacía que nos enamoráramos de su marca, casi que nos hacíamos fans, ya que además de la hospitalidad, de poder establecer una relación más cercana, de aumentar la confianza, nos obsequiaban algunas muestras, llaveros, tazas, remeras y folletos.

Entonces al volvernos más conocedores de la trastienda de algún producto o servicio, lo ofrecíamos con un entusiasmo y energía genuinos hacia nuestros clientes.

No teníamos que memorizar un speech de ventas bonito pero artificial, diseñado por algún departamento de marketing, para contar sobre la calidad de algo, sino que solamente alcanzaba con transferirles nuestra experiencia.

Como nos enamorábamos de la marca, exhibíamos sus productos en el mejor lugar del show room y era la primera opción que recomendábamos aunque no fuera la de más bajo precio. Nuestro lenguaje corporal y emocional era más seguro con esos productos y no tanto con aquellos con los que no vivimos experiencias.

Ganar-ganar-ganar para nuestro proveedor, nosotros y los clientes.

Pero había un premio plus para nosotros los humanos que hacíamos de interface en los negocios. El poder viajar regularmente, hasta donde éramos atendidos de manera especial, nos daba un gran respiro para recargar energías y promover en la empresa un clima de bienestar y nuevas ideas. Algunos de nosotros ni siquiera necesitábamos tomarnos todos los días de vacaciones que nos habilitaba la ley porque esas mini giras ya nos daban lo que necesitábamos.

Entendí que mejor el mejor sistema de aprendizaje laboral debería incluye todos los sentidos (ojos, oídos, tacto, olfato e intuicióninspiración). Lo que se aprende en realidad es lo que se llega a poner en práctica, sino en realidad no fue aprendido, fue solamente tener un contacto intelectual con una teoría.

Si hoy me tocara vivir una experiencia similar, lo que haría de distinto es formular muchas más preguntas y escribir en notas todo lo que pudiera. He dejado escapar muchos detalles que mi memoria no recuerda pero seguramente son de muchísimo valor para compartir con otros

Buscar claridad y consistencia

Todos solemos cargar con kilos de estorbos y kilómetros de supuestos deberes, que como cadenas enmarañadas de distinto grosor nos impiden volar. Hay que simplificar los asuntos que nos corresponden en la vida, discriminar lo esencial de los detalles, porque no todo vale lo mismo. Somos esclavos del desorden, la confusión no permite ver con claridad el futuro y reduce las posibilidades de libertad.

Una experiencia me sirvió a ser un nuevo tipo de observador, mucho más práctico. Como dicen los abogados defensores y fiscales en las películas sobre juicios cuando les conviene enfriar la emocionalidad: "analicemos los hechos".
Vivimos en unos tiempos donde algunos se presentan como gurús o poseedores de la solución perfecta encontrada. Son muy buenos en la terminología y estética del marketing de moda, convincentes y seductores.

Se potencian estos elementos cuando van de las capitales hacia las provincias, y a veces siento que subestiman al empresario sencillo pero sagaz del interior.

La historia que recuerdo fue en una oportunidad en la que estábamos reunidos el presidente, los gerentes de la empresa en la que estaba en ese momento, cerca del año 2.000, junto a los ejecutivos de la multinacional más importante de telefonía pública e internet, que vinieron con la intención de formalizar un acuerdo de franquicia.
De manera muy sofisticada en cuanto a las carpetas y la presentación audiovisual, debo reconocer que creo que estábamos rendidos a su voluntad. Teníamos muchas ganas de complacer sus requerimientos a pesar de que no entendíamos muy bien el fondo de lo más importante: el negocio en sí.
Diseños de logotipos, marquesinas, status de marca y promesas poco exactas de retorno de la inversión.
De golpe, el presidente de nuestra empresa, un gran líder PYME que condujo su empresa a ser en la actualidad a la categoría de gran empresa, campechano pero experimentado, práctico y pragmático interrumpe enérgicamente la exposición diciendo:

-"A ver, no estoy entendiendo nada de esto. Yo quiero que me anotes en este papel cuánta plata tengo que poner, cuánto voy a ganar y cuándo lo voy a ganar. Porque hasta ahora, lo único que veo es que tengo que hacer la inversión en locales, decoradores y arquitectos que yo no lo elijo, porque lo deciden ustedes, más empleados, uniformes, stock etc..., todo el riesgo lo corro yo pero hasta ahora no veo con claridad mi ganancia.
Necesito ver acá, escrito en una hoja, el resultado de una resta bien simple de negocio: Ventas menos gastos es igual a x margen."

Lo que siguió fue un silencio y realmente, no pudieron balbucear claramente nada. Sentí algo de vergüenza porque estábamos siendo casi casi embaucados sin que pudiéramos cuenta.
En esa reunión no se pudo acordar nada. Sentimos que la franquicia se iría para otro lado. Fue muy incómodo todo. Pero al poco tiempo, vino el vicepresidente de la compañía multinacional, también, zorro astuto, sagaz, con la habilidad y experiencia también como para conectar con personas como nuestro líder. De manera privada, entonces acordaron, con algunos cambios pero en términos de satisfacción para todos.
Fue un exitosísimo de servicios de telefonía celular e internet coincidentemente con la llegada de la masividad de la tecnología de banda ancha.

El mayor aprendizaje que obtuve de esta experiencia fue que siempre hay que encontrar la claridad en los negocios. La parte que no es "verso" es la ganancia y la rentabilidad.
Si revisamos bien a veces nos encontramos pagando demás tasas o abonos demás por ejemplo, movilizados solamente por una fantasía de pertenecer a algo que no conduce al propósito de la empresa.

Si me tocara vivir una situación similar prestaría más atención a eso. Sería más humilde para no desviarme en artificios o fantasías optimistas que no conducen a la rentabilidad de mi negocio o que agreguen valor a la comunidad.

Quitar el obstáculo del orgullo

Lo más importante en la vida no es capitalizar ganancias. Cualquiera, con mínima preparación y con un poco de persistencia lo puede hacer. Lo que es verdaderamente importante es aprovechar capitalizando los errores y pérdidas.
Eso requiere de inteligencia, resiliencia y humildad; y marca la diferencia entre un hombre con sentido y un básico.

Argentina es un país altamente politizado, pero con baja educación socio política. Las afinidades en esta materia están establecidas más bien por tradiciones familiares, pero mayormente por la influencia de los medios masivos de comunicación. Abundan fanáticos de personajes políticos en redes sociales, no tanto militantes de ideas o proyectos.
Esto no me llamaría la atención en el hombre masa, que acepta una vida de aletargamiento porque se resignó o se somete voluntariamente al entretenimiento para ser engañado.

Pero sí me llama la atención lo que sucede con los comerciantes y empresarios, que supuestamente son más sagaces y avivados.
A la empresa en la que trabajé durante los años de la década de 1.990 le fue excelentemente en ese tiempo.
Pudo comprar un local para dejar de alquilar, incorporó sucursales, nuevos negocios, superó el millón de dólares mensuales en facturación, accedió a clientes internacionales entre otros logros ni soñados por la mayoría de las PyMEs.
Los dueños son de una simpatía política contraria al gobierno de esa época, con participación militante en otro partido y como funcionarios también en otra época.
Partido que históricamente cuando gobernó, siempre fue malísimo en cuanto a resultados económicos.

Terminando esa década de los 90 una buena campaña de marketing presagiaba un fin de ciclo promoviendo una alianza que evidentemente carecía de sustancia y solidez.

La dirección de nuestra empresa estaba eufórica con el cambio que se venía. No sé si un exceso de optimismo o una irracionalidad de revancha para reivindicarse como partido en la historia. En términos económicos, para mi intuición, era incomprensible.
Y pasó entonces lo peor, con el nuevo gobierno, nuestra empresa tuvo que pilotearla hasta el borde de una quiebra en medio de una tormenta socio económica que casi termina disgregando el país.

Actualmente noto que sigue pasando algo parecido, especialmente con las PyMEs. Hacia el año 2015 proliferaban comercios que marchaban y le daban a sus dueños el lujo de sentirse pequeños CEOs y terratenientes, convencidos de la efectividad de su meritocracia.
La mayoría de sus líderes apoyó desde las cámaras de comercio y en las redes sociales a un cambio desde mi parecer, a ciegas.
Hoy, año 2019, las PyMEs están casi desaparecidas o famélicas.

Se supone que la motivación principal del empresario es generar ganancias ¿qué lo lleva a suicidarse económicamente apoyando a proyectos económicos que lo excluyen?

¿Cuál fue mi aprendizaje de esto?

Las preguntas que me hago desde entonces con respecto a los gobiernos de turno:
¿cómo me está yendo en ventas y poder adquisitivo ahora?
¿me va mejor que antes?
¿cuánto ganaba (en dólares) y cuánto gano ahora?
¿mejoró la calidad de vida para mi familia en acceso a salud, educación y seguridad?

¿Qué haría distinto hoy?

Haría caso a mi intuición y aumentaría en las etapas previas a esos cambios inconvenientes, mis ahorros para poder sobrevivir y aprovechar los beneficios de las posibles oportunidades y negocios que puedan aparecer en la etapa de rebote y reactivación que suelen ocurrir luego de tocar fondo con las crisis.

Conectar la empresa al público

Mi esposa Sonia suele comenzar sus entrenamientos enfocados en la venta diciendo que todo el mundo habla, todo el mundo se comunica, pero son pocos los que se relacionan verdaderamente: los que llevan sus relaciones personales, su trabajo y sus vidas un poco más allá.
Y creo que es cierto, pienso que nos cuesta integrar la capacidad de relacionarnos en profundidad y solidez con los clientes, tanto como logramos hacerlo con nuestros amigos o compañeros en otros ámbitos.

He sido bendecido con hermosas y variadas experiencias laborales. Una de las mejores fue haber trabajado para una empresa que cuando ingresé era una PyME familiar y cuando me desvinculé, a los 8 años era ya Gran Empresa, por volumen de facturación y cantidad de empleados, líder en la distribución de materiales para redes eléctricas y comunicaciones en Argentina.
Una de las cosas que noté, que otras empresas, especialmente los competidores, tenían unos logotipos en su cartelería y papelería muy sofisticados y hermosos.
Yo no aprovechaba lo suficiente nuestro propio logo con ese tucán en la papelería, encabezados y tarjetas personales, trataba a veces de darle una impronta "modernizadora" pidiéndole a la

agencia que manejaba nuestra publicidad haciéndole algunos retoques.

En los años 90 la tecnología para el diseño e impresión de arte había dado un salto importante. También surgieron muchos más diseñadores, profesionales y aficionados en cuestiones relacionadas con el marketing.

Pero me parece que lo que pasaba con esto era que no transmitían con claridad y sencillez los beneficios para el público. Es como que pensaban en una estética que los haga lucir bien y no poniéndose a pensar un poco más en qué podría percibir el posible cliente al ver su sello.

Nuestra empresa de electricidad y comunicaciones eligió como símbolo un tucán, pájaro característico de nuestra región mesopotámica subtropical, y logró el efecto de poder hacer una conexión amistosa y simpática con los clientes, también pudo con este símbolo llamar la atención de muchos proveedores que querían hacer negocios con nosotros, les daba curiosidad a veces nuestra diferenciación, con la ventaja que traía esto, ya que representaba para nuestra faceta de compradores, más opciones de calidad, precios y financiación.

Mi aprendizaje de esta experiencia es sobre tener en cuenta que lo más importante es poner esfuerzo y energías en intentar conectarse, antes de ponerse a desarrollar sistemas mecánicos para vender. Si no hay conexión se pueden perder muchas oportunidades de productividad, tiempo y recursos.

Si me tocara vivir una situación similar, trataría de simplificar la comunicación aprovechando más los símbolos que pueden traer sentimientos de cercanía en vez de intentar parecer sofisticado.

Conocer la principal motivación

Mi papá solía decirme que "hay gente que piensa que el agua se mastica, el que sabe cómo hacer siempre tendrá trabajo; pero el que sabe por qué va a ser el jefe".

Me solía acordar de esta frase cuando veía una situación que solía repetirse en una cadena de electrodomésticos que contaba con sucursales en todo el país donde trabajé como vendedor unos años.
La compañía premiaba a los vendedores más productivos con ascensos a gerencias de sucursales.
Estos compañeros muchas veces no rendían como se esperaba y al cabo de unos meses se los vía agotados e insatisfechos. Es como que habían perdido la frescura y el disfrute que tenían en su rol como vendedores.

En la escalera del liderazgo PYME la productividad es el nivel siguiente, luego del puesto o el cargo, pero no es el último nivel.
El objetivo del liderazgo debería ser reproducir otros líderes, no es escalar posiciones ni acumular seguidores.
En definitiva no hay que sólo limitarse a ser cumplidores de la tarea asignada sino que hay invertir en enseñar y ayudar a otros. Así se hacen crecer los proyectos y se puede dejar un legado trascendente.
Registro en esta situación el aprendizaje de que todos estamos capacitados con el potencial para ser fructíferos, fuimos dotados con ese don y deberíamos encontrar la forma de aprender a hacer visibles los logros de ese potencial. La manera más noble, efectiva y duradera es invirtiendo en la formación de líderes para posibilitar el crecimiento de la PYME hacia el nivel de grande.

Lo qué haría de distinto si viviera una situación parecida en la actualidad, sería tratar de conocer más sobre la ciencia y el arte del liderazgo, especialmente en la escucha y en la capacidad de comunicarme claramente.

Aprovechar las herramientas gratis

La normalidad es un aburrido disfraz de la pereza por crear y arriesgar.
En una esa empresa privada de distribución de electrodomésticos de alcance nacional viví una interesante experiencia.
El desafío era aumentar la venta, pero sin encarecer la infraestructura, ni incorporando más empleados, logística y transporte con más mercaderías ni depósitos para almacenaje.
Entonces a alguien se le ocurrió la brillante idea de promover la venta de un intangible.
Se trataba de unas garantías extendidas para los productos. Estas comenzaban a regir a partir de la finalización de la garantía original que solían ser de 1 o 2 años por lo menos.

La puesta en marcha de ese negocio implicó que los gerentes regionales y hasta el propio presidente de la compañía, recorriesen las sucursales durante aproximadamente un año promoviendo, enseñando, rompiendo paradigmas de pensamiento, costumbres y hábitos de los vendedores que se resistían a ofrecer el nuevo servicio.
Cuando estuvo en marcha el negocio, rodando a pleno, resultó muy bueno para todos, porque para la empresa representó el lograr la meta de aumentar un 20% las ventas sin agregar costos ni tener que ampliar la base de clientes. Y para los vendedores también porque las comisiones y premios fueron muy jugosos.

A veces esperamos a tener todas las herramientas tangibles para logar resultados, cuando en realidad sólo de trata de implementar lo nuevo con líderes que pongan acción contagiando un nuevo movimiento en cuestiones emocionales, ideas y servicios. Todo esto es gratis.

Aprendí de esta vivencia que las personas necesitan y responden al ánimo y el equipo apoya al líder antes de apoyar al plan que se propone ejecutar.
También que la mayoría de la gente no sabe cómo lograr avances y metas, necesita ser acompañada en el aprendizaje.
Las personas están naturalmente motivadas, pero a veces es suficiente con que el líder despeje el área limpiando de lo que desmotiva o desgrana la energía.
Los integrantes del equipo suelen actuar cuando sienten que tienen permiso para ello y son equipadas para la acción.

Si tuviera que vivir hoy una situación similar trataría de resistirme menos al cambio. Me da vergüenza contarlo pero yo era uno de esos vendedores necios que no querían soltaban su viejos hábitos y por lo tanto me perdí de ganar buenas comisiones por un buen tiempo.

2
Equipar a otros

Cuando recién comenzaba en la vida laboral formal, tenía alrededor de 19 años, y los equipos que integraba rondaban en promedio esa edad. Lo bueno de esas épocas de juventud era que los hechos no estorbaban nuestra imaginación.
Después, parece que al mismo tiempo que nos vamos poniendo mayores, más conservadores y mezquinos nos volvemos.

En un equipo técnico / comercial que funcionaba bastante bien en el logro del cumplimiento de procesos, había varios integrantes cuya formación universitaria era de la ingenieros. Se había construido un sistema bastante bueno en cuanto a la claridad y rigidez de los procedimientos pero cuando se revisaban los márgenes de ganancia, estos eran bastante bajos.
Entonces los líderes decidieron incorporar a una persona orientada netamente a los resultados comerciales. Fue como un choque de culturas porque sus fortalezas no estaban relacionadas con el control, sino en facilitar el flujo de las ventas.

Miguel era su nombre, no participaba tanto en las reuniones en las acostumbrábamos, pasaba mucho tiempo fuera de la empresa, trabajando en relaciones públicas y obtenía así altos rendimientos de ventas y márgenes.

Esta situación exasperaba a los miembros de perfil más técnico, que se impacientaban con él, pero lo cierto es que cumplía con lo que le habían pedido los dueños de la empresa, que era desarrollar volumen de negocios y ganancias.

Observé que Miguel equipaba, empoderaba y estimulaba a sus colaboradores a probar cambios y arriesgar, sirviendo como un proveedor de herramientas para que su equipo despliegue el mayor potencial posible.
Me doy cuenta ahora que hacía un excelente trabajo de liderazgo, no queriendo hacer todas las cosas por sí mismo ni obligando a hacer las cosas de una sola manera, sino dándoles libertad para probar opciones
Estuvo solo un año con nosotros, decidió irse a otra compañía más grande, debido a la presión generada por el "ala dura" de nuestra empresa que rechazaba radicalmente su estilo de liderazgo.

Aprendí de este estilo de liderazgo que lograba resultados porque su intención principal era añadir valor a sus colaboradores.
Fue innovador en cuanto a hacer negocios su forma de relacionarse de manera amable.
También su objetividad para evaluar fortalezas y debilidades del negocio a la vez de poseer una personalidad accesible que lo hacía vulnerable ya que era blanco fácil a las críticas.
Su coherencia al dar el ejemplo para enseñar establecía un ambiente de confianza y creatividad en su equipo
El cumplimiento de sus promesas y el poner el foco en empoderar a otros facilitando el crecimiento consolidaba su liderazgo.

La practicidad para usar las y enseñar el uso de su experiencia y sus herramientas con el fin de que el equipo crezca.

Si tuviera que vivir una situación parecida en la actualidad trataría de despegarme de la tensión inútil que se generó por la interna entre bandos que lo apoyaban y los que no, usando mi energía en aprender de él.

Promover cultura de servicio

Aldo P. era un ex boxeador que llegó a ser campeón argentino amateur, y pasaba sus años mayores trabajando como receptor de apuestas de la quiniela local, cuando se hacía todo el proceso a mano.

Su estado físico era impecable, no registraba golpes o cicatrices en el rostro, no siquiera la característica nariz ancha a la altura del tabique en los boxeadores. Cuando le preguntábamos cuál era el mayor secreto para tener éxito en una pelea de boxeo decía que "lo que más la mente debe practicar es estar lúcida, atenta, ágil, y eso no se puede lograr si nuestra mente practica en cambio la crítica, la condena y la queja"

Una de las tareas que nos correspondía a los vendedores de cada sucursal en una cadena nacional de electrodomésticos, unas horas después de finalizado el tiempo de atención al público, era descargar la mercadería en el depósito, desde los camiones de transporte, que venían desde el centro principal de distribución.

Realmente resultaba una tarea agotadora, y nos quejábamos bastante, por el cansancio que sentíamos en esos momentos.

A pesar de que se nos recalcaba claramente en la entrevista de trabajo para reclutarnos, que eso era parte de la rutina laboral, lo considerábamos una especie de injusticia, debo reconocer de que yo no hacía esa rutina con muchas ganas, mis compañeros creo que tampoco.

Hasta que un día sucedió algo y mi actitud cambió por completo. Justo estaba en la ciudad, en uno de esos infernales días de verano, frenéticos, cerca de las fiestas de navidad y año nuevo, Guillermo, el gerente regional, que recorría las sucursales de la región, supervisando especialmente la performance comercial.

Siempre impecable en su aspecto, por lo bajo murmurábamos por la supuesta comodidad de su tarea, victimizándonos improductivamente por lo que nos tocaba.

Para colmo llega uno de los camiones a la hora de la siesta, eso quería decir que el almuerzo quedaría postergado hasta la hora de la cena.

Entonces, Guillermo de inmediato pide prestado un horrible short de baño a uno de los muchachos del equipo de maestranzas, combinados ridículamente con su fina chomba y zapatos de vestir, sin dudar y de inmediato toma la iniciativa y se pone a descargar del camión heladeras, cocinas, televisores LCD y los pesados de tubos y acondicionadores de aire.

Nosotros, calladitos, primero nos miramos y casi que avergonzados nos pusimos a hacer lo mismo y creo que nunca más volvimos a quejarnos.

El principal aprendizaje que obtuve sobre esto es que los líderes logran respeto y establecer una cultura de servicio en la empresa desde el ejemplo y la producción. Las palabras más importante que se le puede decir a un equipo para desarrollarlo es "arranco yo y luego seguime".

Lo que haría diferente hoy si es que tengo que vivir una situación parecida es la de tener y fomentar una actitud de gratitud hacia todas las tareas de la empresa, aunque no sean mis preferidas.

Amar más a las personas que a los sistemas

Deberíamos prestar mucha más atención para no arruinar nuestras vidas o poniendo en riesgo nuestras relaciones más valiosas por no estar predispuestos a cambiar nuestra forma habitual de comportamiento

Lo que vemos es lo que atraemos. Como vemos a nuestros colaboradores hará que terminen siendo bastante parecido a como somos nosotros mismos.
Y a la vez los clientes, es porque son terminarán siendo muy parecidos a nuestros colaboradores.
Directa o indirectamente, te gusten o no tus clientes, eso es fruto de la forma en que ves a las personas.

Un buen cliente que tenía cuando trabajé de vendedor de una distribuidora de maquinarias me compartió una historia antigua que leyó esa en la que estábamos reunidos mañana y sobre la que estuvo meditando.
Trataba de un empresario terrateniente al que le fue a pedir ayuda con algo de alimentos y agua, el caudillo que había estado custodiando la zona contra los saqueadores y enemigos que

rondaban la región. Gracias a éste, el empresario había podido prosperar en paz.

La respuesta a este pedido circunstancial de ayuda fue negativa, desafiante y despectiva. Realmente no midió los efectos de su necedad y las consecuencias.

Su esposa en cambio actuó con mejor tacto y por su propia cuenta, se encargó de proveer a este caudillo, con los víveres que estaba necesitando, obrando así con amabilidad, gratitud y generosidad.

La historia termina más adelante con este necio empresario de mal carácter fulminado por un infarto, y su esposa casándose con el caudillo que unos años adelante se convertiría en rey.

Pudimos comentarnos algunos aprendizajes sobre esto como por ejemplo prestar atención para no sabotearse como líder a uno mismo ni a la empresa por la falta de habilidades relacionales. Hay que cultivar esa habilidad.

Cuidar que el trabajo, los sistemas y las ambiciones personales no pisoteen el recurso más valioso que hay en el planeta que son las personas.

Si yo llegara a ser el hombre necio de mal carácter de esa historia lo que haría distinto sería trabajar fuertemente en mí mismo para conocer mis debilidades relacionales junto a un coach. Podría salvar no solamente mi empresa sino también mi salud.

Recordar el propósito de la empresa

De niño hasta mi adolescencia practiqué yudo como deporte principal. Participé en muchas competencias, el maestro principal y mayor referente era el sensei Matsumura.

Un japonés muy sabio. Una vez perdí la final de un torneo, yo estaba muy enojado y consideraba que fue porque no tenía la suficiente fuerza. Cuando le pregunté al sensei cómo podría ser más fuerte me dijo que "con más fuerza podría vencer contrincantes, pero si llego a vencerme a mí mismo sería todopoderoso".

Me acordé de esta conversación estando en una reunión de gerentes y el presidente de la compañía estaba arengándonos sobre la necesidad de hacer más cosas para el crecimiento.
Hasta hacía unas semanas habíamos festejado con champagne el poder lograr nuestra primera gran meta como PyME, alcanzar quinientos mil dólares de facturación mensual.
Realmente yo no entendía con claridad este relanzamiento de metas, discernía si se trataba de que buscáramos ampliar la cantidad de clientes, la participación en el mercado, o mejorar los márgenes de rentabilidad enfocándonos en la eficiencia y productos de mayor rendimiento.

Vi las caras de mis compañeros, frustrados como la mía seguramente y le dije al presidente que sentía a veces que iba remando como los esclavos de los barcos antiguos, en la parte inferior sin poder ver el horizonte ni el paisaje a los lados, sin saber cuánto faltaba para llegar a destino, si ir más rápido o más lento.
Me respondió: -"Ustedes sólo remen."

Hubo risas por este asunto en ese momento, pero 15 años más tarde, ya trabajando yo para otra firma, me encuentro con este hombre, con buenos resultados en lograr hacer crecer la empresa, pero no lo ví muy vital y entusiasmado en su aspecto personal; y él mismo me recordó esa anécdota con esta conclusión:

-"Todavía no sé lo que quiero."

Fue muy desilusionante para mí porque justamente lo admiraba porque suponía justamente lo contrario, que sabía lo que quería. Lo percibí afortunado en los negocios pero errante en el sentido de la vida.

Aprendí de esto que es necesario tener un fundamento sólido como filosofía de vida alienada al trabajo, para poder ser intencionales y construir con sentido de propósito y legado. Adoptar una filosofía probada y comprobada, que sobreviva al tiempo, las modas y los distintos tipos de civilizaciones. Con este fundamento el líder puede establecer dirección, confrontar los errores, corregir la propia conducta y ayudar a otros a progresar.

Si estuviera en ese punto, o mucho antes buscaría lograr mayor autoconocimiento. Preguntarme más seguido por qué hago lo que hago. Conocer y tener presente mis valores, el orden de ellos y tratar de ser coherente en la mayor cantidad de detalles.

Aplicá el principio de Pareto

Tenía un cliente dueño de una empresa mayorista distribuidora de productos para ferreterías que solía decirme "que si a los problemas los encaramos de frente, terminan siendo una bendición en forma de ventaja"

Me esposa Sonia adoptó casi obsesivamente una regla, a la que por cuestiones de supervivencia también yo acompaño aplicarla, llamada el **principio de Vilfredo Pareto**, también conocido como **la regla del 80-20**, o **ley de los pocos vitales**.
Me explicó que se trata de un fenómeno estadístico por el que en cualquier población que contribuye a un efecto común, es una proporción pequeña la que contribuye a la mayor parte del efecto. Este principio yo no lo conocía en forma de enunciado como hasta hace poco, pero me doy cuenta que sí lo viví algunas veces en el ámbito del trabajo.

En el año 2.002 las empresas PyME vivían una crisis socio económica tremenda. Día a día, las que querían sobrevivir, tenían que tomar decisiones muy duras. Una de ellas era reducir el personal.
En la empresa en la que yo trabajaba la consigna que se nos había asignado a los gerentes de cada unidad de negocio era la de utilizar como variable de ajuste principal la rentabilidad del sector. No había permiso para aplicar otro criterio, no valía antigüedad, ni talento, ni medida de bondad de la persona.
Una verdadera experiencia de supervivencia en capitalismo salvaje.
No solamente por lo deshumanizada de la situación sino también porque se requería mucho tacto para disgregar y fusionar sectores, sin resentir la excelencia operativa.
El promedio indicado era ir haciendo una reducción mensual del 20% en todos los recursos y gastos. Buscar cada minucia en los datos y revisar los procedimientos en la tarea de cada persona era nuestra principal responsabilidad en ese tiempo.
Parecía imposible mantener operativa y eficiente la empresa con una plantilla cada vez más reducida.
Pero funcionó. La empresa se reinventó de manera dinámica, obtuvo rentabilidad en tiempos de crisis y se hizo flexiblemente inmune a los obstáculos futuros.

Aprendí de esta situación que resulta muy efectivo cuando los recursos son seleccionados meticulosamente para el triunfo de la firma.

Que hay que preparar a los empleados aclarando al incorporarlos y recordándoles durante el proceso de los negocios que nadie es imprescindible y que el mercado dirá que hacer en el futuro.

Hay que invertir en desarrollar mejor calidad de líderes y no la cantidad. Los comprometidos son los que producirán la victoria del proyecto. En los grupo de personas unos pocos son los efectivos y eficientes, el resto es parte de una masa que se reúne alrededor.

Si me tocara revivir una situación parecida, chequearía la forma en que se vienen haciendo las cosas de manera más seguida, tratando de mejorar a los líderes y a los sistemas aunque no se perciba la urgencia por hacerlo.

Construí puentes, no muros

"Contacto mata currículum" (Autor desconocido)

Una temporada de verano, trabajé como intendente de un club social y deportivo. Fue un trabajo temporal que me ayudó a apalancar financieramente un emprendimiento particular que estaba comenzando en esa época.

Como este era un antiguo club junto al río Paraná, con pocos socios activos esperaba que mi puesto sea tranquilo y un poco aburrido, pero sorpresivamente me pude reencontrar con algunos ex colegas, ex jefes y ex compañeros que nunca me había imaginado que jugaban al tenis, al paddle, remaban o nadaban y entonces pude sacar algunas lecciones valiosas.

La variedad de personajes que vincula un club social y deportivo, en una manera muy relajada y con la ayuda de tener una identificación en común, como determinados valores, aficiones y nivel social que provee este tipo de ambientes me llamó mucho la atención.
Sesiones de entrenamiento de tenis en las que estaban compartiendo el mismo coach un juez con un empresario, partidos de paddle de un diputado y su secretario contra un rector de universidad y un profesor, tardes de pileta, remo o pesca entre comerciantes y cenas, bailes, cumpleaños o casamientos estando todos juntos, era habitual presenciar en esos días y noches.

Y las conversaciones que solía oír al pasar casi siempre estaban relacionadas con sus trabajos, aunque de manera más humanizada y "terapéutica". Algún que otro trago podía hacer que se baje un poquito más la guardia y lleve las conversaciones a un nivel de mayor intimidad y quede facilitado así el cierre de acuerdos o negocios a la manera antigua, con un apretón de manos y luego que pasen los técnicos legales/contables a plasmarlo en contratos y comprobantes.

Sospechaba pero ahora lo confirmaba. De alguna manera ingenua, quería creer que el mundo de los negocios y el poder eran justo y premiaba al mejor preparado, al más inteligente o al esforzado, pero no, el contacto social y afectivo es mucho más fuerte e influyente. Las estructuras de poder se construyen sobre una base de confianza y mucha intuición. Recién después calza lo técnico.

Pude aprender de esto que las as habilidades sociales y emocionales son más importantes que las reglas y procedimientos.

Que la creación de oportunidades y los negocios jugosos se siguen haciendo cara a cara.

Que el relax y la diversión planeados como modo de abrir puertas conducen a una mayor satisfacción.

Lo que haría distinto actualmente sería aceptar más invitaciones a reuniones y estar más predispuesto a escuchar en esos ambientes.

Traté siempre de huir de las reuniones sociales pero me di cuenta que me he perdido de hacer buenos negocios y contactos por actuar así

Líder saludable, empresa saludable

Si la cabeza de la PYME trabaja en hacer crecer las habilidades de liderazgo, automáticamente permitirá que crezca a la organización. De lo contrario se convertirá en un cepo, limitando al resto del equipo. De la fuerte capacidad de liderar depende que la empresa llegue alto.

Actualmente me dedico a brindar servicios de coaching a ejecutivos y emprendedores. Y una de las situaciones que se suele dar en el inicio del proceso es que el coacheado viene a buscar una solución para mejorar la eficiencia de su equipo, o sea algo que está fuera de sí, y terminamos descubriendo que en realidad hay algo interno en él que sabotea el crecimiento.

Nuestras creencias profundas determinan nuestros pensamientos, estos se trasladan a actitudes y se termina manifestando en un resultado visible en el entorno.

Un cliente comenzó sus sesiones de coaching conmigo buscando revertir su sobrepeso que lo limitaba y le provoca fatiga disminuyendo su capacidad para llevar adelante su negocio.
De a poco, durante las conversaciones fuimos descubriendo que en realidad lo que lo estaba afectando a nivel subconsciente era el hecho que de hacía unos años había protagonizado un accidente de tránsito, y esto le provocaba una ansiedad canalizada con desorden alimenticio, y esto manifestaba una creencia de que no merecía prosperar.
Una vez que pudimos deconstruir esta situación, pudo perdonarse y pedir perdón a las otras personas perjudicadas, obteniendo así mayor claridad y aumentar su capacidad para dirigirse a sí mismo primero con mayor eficacia, y a su empresa luego.

Al no estar saludables nos debilitamos, pero olvidamos que la salud implica además de lo físico, también lo psicológico, emocional y espiritual.
Cuando no estamos avanzando tenemos que revisar si no hay viejas heridas, culpa o vergüenza oculta que están disminuyendo nuestras capacidades.
¿Qué haría distinto yo en una situación similar?
Indudablemente buscar un mentor espiritual y un coach

Promover el mantenerse humilde y enseñable

No hay que ser rígidos, suele suceder que aplicamos una y otra vez la misma fórmula que nos dio resultado rara vez nos van a seguir manteniendo exitosos

En la época de la desregulación de las telecomunicaciones, a mediados de los 90, había una firma de origen alemán que dominaba el mercado de la provisión de centrales telefónicas, cómoda como proveedora de los organismos estatales del país y el mercado corporativo.

Cuando detectamos ese nicho de negocio, nos metimos de manera sigilosa y humilde, escuchando atentamente lo que decían esos clientes con respecto a ese proveedor. Generalmente les alquilaban los equipos con un abono por mantenimiento, ya que la compra era prácticamente imposible por el elevado costo y la escasa disponibilidad. También se decía que la atención a veces casi parecía un maltrato, por las demoras y burocracia administrativa.

Nuestra estrategia fue, una vez que la legislación lo permitió, ofrecerles la compra de equipos de una marca japonesa junto con una garantía de 2 años.

La tarea paciente y entusiasta fue dando resultados, a tal punto que ese competidor terminó cerrando su sucursal en nuestra ciudad. Más adelante esa misma firma, confirmó el declive en el que iba transitando, cuando estuvo involucrada en un caso internacional de corrupción con el gobierno.

Es como que ese gigante tenía un solo ojo y no podía ver lo que estaba sucediendo alrededor y terminó desmoronándose y decapitado.

La soberbia no es buena aprendiendo, en cambio la humildad sí. Ambas actitudes no pueden convivir y prosperar.
Deberíamos recordar que para aprender, hay que estar interesado, y sobre todo interesado por las personas. Explorar y aprender son el abono excelente que hacen desarrollar el potencial de una PYME.

Hay que ser sabios en recopilar y sistematizar la información que me dan los clientes a través de las críticas y los reclamos, en vez de enojarse o sentirse amenazado.

Escoger cuidadosamente a los líderes

Tengo un tío que luchó mucho para salir desde una infancia muy humilde, para recibirse de doctor en leyes, llegando a ser presidente del Colegio de abogados y legislador que suele repetir que "para llegar al puerto a veces nos toca remar con el viento a favor, y a veces en contra, pero debemos remar, no ir a la deriva ni tirar el ancla."

En una época dura en cuanto a cambios económicos drásticos, me tocaba como gerente de mi sección, la triste tarea de despedir gente.
Muchos de estos, eran personas a las que yo mismo había reclutado.
La empresa hacía bastante tiempo venía explicando y avisando que por la incertidumbre financiera, las decisiones se irían tomando prácticamente minuto a minuto, que se intentaría por todos los medios sostener los puestos, pero si no se podía ser rentable, los ajustes se harían sí o sí.

En el comportamiento de ese equipo observaba que muchas personas no toman precauciones prácticas ante los riesgos en el futuro. Me sorprendía que algunos no hacían ningún tipo de ajuste en sus economías personales, se endeudaban para comprar otro auto o seguían con gastos superfluos y salidas. Cada uno ¿elige? su estilo de vida, no lo sé.

Lo cierto es que estos despidos se estaban haciendo bastante seguido. Casi diariamente en la empresa y casi que semanalmente en mi sección. La tarea me resultaba desagradable no solamente por el impacto en la persona y su familia, sino por la presión tácita del plantel para proteger a los más compañeros más queridos o populares.
Escuchaba rumores en los pasillos a veces sobre lo injusto que había sido con personas que "merecían" seguir por su antigüedad en la empresa o por su bondad de carácter. Aunque eso estaba fuera de cuestión, yo no podía permanecer emocionalmente indiferente a esa conclusión.

Dentro de todo no había tenido escándalos o sobresaltos llamativos en ese proceso, salvo en el caso que menos esperaba.
Le tocaba una reducción a la plantilla de vendedores del salón. Aunque en general no eran muy formales en cuanto a respetar horarios y sistemas, cumplían sus objetivos de facturación y eso les garantizaba cierta "impunidad". Pero llegó igual la situación de ajuste y el candidato era José, un muchacho muy carismático y divertido, el alma y promotor de las fiestas, realmente con mucha astucia para conectar con las personas, especialmente con las damas.

Traté todo lo que pude de postergar, rogando que cambien los vientos y mejore todo o alguna idea creativa, pero nada de eso sucedió. Tuve que despedirlo y mis sospechas se confirmaron. De todas las secciones me hicieron reclamos, que por qué tuve que despedirlo. Desde compañeros, novias, amantes, gerentes de otras secciones, proveedores y clientes. Esperaba algo así, pero no tanto.

Aprendí de esto que se debe ser muy cuidadoso para escoger los líderes que se apeguen a los valores y visión de la empresa,

teniendo en cuenta que las motivaciones principales del liderazgo en el emprendimiento son para avanzar sirviendo a los clientes.
Las decisiones aunque sean duras y haya oposición externa, si son las correctas traen paz.
El liderazgo PyME conlleva mucha responsabilidad, supervisión, inspección, servicio y ejecución.

Con esa experiencia, hoy puedo ser mucho más claro de lo que espero de mis colaboradores y asegurarme de que conozcan qué espera la empresa de ellos.

Cuando estaba cursando la escuela primaria nos llevaron a un tour educativo hasta una localidad en mi provincia llamada Wanda.
En ese lugar se descubrió un gran yacimiento de piedras preciosas y semipreciosas. No sé cómo hicieron para hallar el yacimiento porque a simple vista el lugar parecía un lugar común y corriente y las rocas parecen comunes. Son cortadas y seleccionadas para ser sometidas a varias etapas de pulido que una vez terminados, dan como resultado piezas bellísimas y que se venden a precio elevado en forma de joyas y adornos porque son muy apreciadas por el mercado.
Aprendí al observar el proceso que aún las piedras preciosas no se pueden pulir sin fricción.

Sabemos cuánto uno crece cuando está obligado a aprender y tomar decisiones bajo presión, pero a la vez es una situación de pruebas incómodas y de estrés que a nadie le gusta pasar.
Me pasó cuando estuve a cargo de una planta industrial de elaboración de envases plásticos. Tenía unos 35 años de edad y toda mi experiencia laboral anterior tenía que ver con las ventas y relaciones públicas. Nunca había sido bueno con los procesos que requieren exactitud en la repetición de rutinas. Y esto lo sabía

el dueño de la empresa que me contrató, aunque aun así apostó por mí.

Crecí mucho pero no la pasé bien en esos momentos, porque tener que aprender tanto y querer dirigir al mismo tiempo me desbordaba.

Mi vida anterior transcurría entre mi confortable oficina yendo a las confortables oficinas de mis clientes. En cambio en este nuevo rol, el ruido permanente, la velocidad vertiginosa de las máquinas, las situaciones a resolver que me consultaban a cada rato y el carácter difícil de los operarios me intimidaban y debilitaban. Todo el tiempo sentía que corría por detrás y terminando llegando tarde a las situaciones. Entonces trataba de consensuar negociando desde mi debilidad, y esto derivaba en mejoras más lentas y menos ásperas, pero sospechaba que mi jefe tenía apuro por los resultados y yo no funcionando a la velocidad esperada.

Digo que sospechaba, porque todo el tiempo él me decía que esté tranquilo porque esa etapa era sólo de aprendizaje y que no hacía falta que decida nada sin consultarle; pero yo había oído sobre su fama de exigente e impaciente, y quería mostrar entonces resultados urgentemente.

Por evadir la tensión y no querer ajustar y exigir estrictamente el cumplimiento de metas y normas, intenté negociar con los líderes de la planta, concediéndoles flexibilidad para poder lograr su apoyo en el logro de resultados. En consecuencia terminé enredado en pactos internos de politiquería frágiles y poco claros.

Aprendí reflexionando sobre esa experiencia que para liderar con iniciativa hay que ser proactivo no reactivo.

Nunca debemos suponer que la fórmula que funcionó antes nos servirá en otro ámbito.

Que hay mantener una comunicación clara con mi superior y nunca comprometerla por quedar bien con los subordinados.

Lo que haría distinto hoy si me tocara vivir una situación parecida sería confiar más en lo que me diga mi líder, verificando y buscando entender con claridad y profundidad sus propósitos en vez de quedarme en mis suposiciones, sólo con mi interpretación y los rumores que circulen en la empresa.

Que gane la empresa, no el status

Este líder nos decía que para que para que para poder vencer con éxito el desafío que se venía teníamos que aprender una sola cosa: "tragarnos el orgullo, sin miedo porque no engorda".
La mano venía difícil pero controlada. Hicimos los ajustes necesarios, mejoramos en todo lo que podíamos y la crisis ya había tumbado a varios competidores. Estábamos cómodos en la incomodidad, como que lo peor se estaba yendo.
El presidente de la compañía nos invitó a un asado en su casa, a los que como él mismo decía, éramos de la mesa chica de confianza. Arturo, su esposa, además contadora de la firma, su hijo, director general y 8 gerentes.
Yo me imaginaba un festejo privado, porque la invitación se hizo de manera secreta. Creo que mis compañeros, además de mí, fuimos preparados para brindar por un pequeño triunfo.
Mientras se hacía el asado, y probábamos de buen ánimo los primeros vinos, Arturo se dispuso a comunicar el motivo de la reunión.
En primer lugar confirmar la confianza en esa "mesa chica", que iba a ser el equipo que permanecería sí o sí hasta las últimas consecuencias en la firma, como una especie de pacto o compromiso.

En segundo lugar, que se había decidido un proceso de convocatoria de acreedores, que es un paso anterior a la quiebra. Nos quedamos helados. La empresa estaba balanceada financieramente, con ventas bien mixtas, o sea que no había riesgos de ser arrastrados por la caída de algún tipo de cliente en especial y los bancos habían aprobado recientemente los balances para darnos créditos.
Pero el criterio que se tomó para esta decisión fue resguardar a la empresa contra las tormentas políticas y socioeconómicas que aún faltaban que lleguen.

Se nos dio entonces la directiva de comunicar la novedad con mucha calma a los proveedores y a los clientes más curiosos que consultaran.
De alguna manera me sentía avergonzado. Admitir que estábamos en crisis y en riesgo de perder la empresa. Pero se optó por esa medida para usar todos los mecanismos legales y técnicos a nuestro alcance para sobrevivir como firma.

Algunos proveedores se sintieron traicionados, porque no les habíamos avisado antes, y algunos clientes asombrados, por el prestigio que teníamos como organización en la sociedad, que ahora estaba siendo cuestionado.
No había nada deshonesto en esta acción, era sólo admitir que existía un gran boquete financiero en nuestra estructura y la prioridad era arreglarlo de manera urgente asegurando la supervivencia.

El tiempo al final nos dio la razón. Más adelante pudimos sortear la convocatoria y además crecer con más ímpetu y fortalecidos, cuando hubo reactivación económica, mientras que cientos de otras empresas que no tomaron a tiempo este tipo de medidas naufragaron desapareciendo.

Aprendimos que el sacrificio, entendido como la acción de sacrificar cosas para ganar otras, es parte del liderazgo PyME.
Que hay que tener pre determinado rendirse ante la misión de la empresa, no ante el temor de lo que supuestamente puedan pensar de nosotros.
El buen servicio a los clientes y socios proveedores va acumulando con el tiempo un crédito que puede llegar a necesitarse en el futuro.

Si me tocara vivir una situación similar hoy trataría de mantener la mirada en la misión de la empresa y prestar menos los oídos a suposiciones y rumores que solamente restan energía y creatividad para pensar las soluciones que necesitamos

Ser como un niño en lo curioso, no en lo infantil

"Es cierto, el tiempo vuela, pero el que lo pilotea es uno mismo" solía repetir un cliente dueño de un importante molino de yerba mate que había empezado como cosechador en los campos de ese cultivo cuando apenas era un niño.

Solía pensar en esa frase cuando trabajé un tiempo como viajante para Roberto, que con 27 años de edad había acertado con un muy buen negocio equipamientos para almacenaje y logística. Su padre le tiró la idea, y prosperó rápidamente.
Su formación como licenciado en Administración, la experiencia de haber vivido unos años en Estados Unidos, sumados a su ambición y su instinto aceleraron su negocio, y al par de años se encontraba en plena expansión desde la casa central en la ciudad de Resistencia con sucursales en Posadas y Corrientes.
Me tocó administrar una de esas sucursales, estoy muy agradecido por ello y obtuve valiosas lecciones, algunas de ellas tenían que ver con momentos oportunos y talento desperdiciado.

Digo momentos oportunos porque la facturación en los años 2014 y 2015 crecía mes a mes. No había problemas de ventas, simplemente todo el tiempo que permanecíamos con los locales abiertos o contactando clientes, ganábamos mercado.

Yo sentía que Roberto no aprovechaba al máximo esos momentos oportunos porque tenía aparte de la empresa, un hobbie que lo apasionaba, entonces se ausentaba frecuentemente durante varios días para viajar a competencias o se retiraba antes que nosotros los empleados casi todos los días.

Un potencial gran líder con talento desperdiciado porque su carácter con falta de maduración le hacía actuar desde actitudes infantiles en el manejo de cuestiones internas de la empresa. Observaba que en vez de ser frío con los datos para evaluar hechos, gastaba energía con gestos casi caprichosos por miedo a perder autoridad.

Seleccionábamos juntos al personal para incorporar. En una ocasión se presentó un muchacho que no había tenido experiencia en ventas, sí en cuestiones técnicas, para cubrir el área comercial.

A mí me gustó su actitud, que quedó evidenciada en su insistencia al venir una y otra vez a la oficina a preguntar si ya se había decidido la incorporación. A Roberto no le interesaba, porque no tenía experiencia comercial.

Al final aquel muchacho persistió tanto que se quedó con el puesto y se desempeñó muy bien ¡Gracias a Dios!, porque mi jefe accedió a incorporarlo a regañadientes, pero se ocupaba de recordarme infantilmente que yo había sido su promotor y prácticamente estaba atado a su éxito o fracaso.

Es más, le fue tan bien a ese muchacho, que al cabo de un par de años, por unos cambios injustos en el sistema de comisiones y remuneraciones, decidió desvincularse de la empresa para formar la suya propia volviéndose un feroz competidor en la actualidad.

Observé y aprendí que el líder PYME debe madurar su carácter porque las actitudes infantiles en los negocios pueden costar caro. Debería mantener una actitud de niño en cuanto a ser especie de esponja absorbiendo nuevas ideas y aprendizajes, y confiando a la vez en las personas que él mismo seleccionó (si no confía ¿no confía en sí mismo?).
Y una cosa es ser ambicioso para crecer y otra muy distinta un inconformista autosuficiente.

¿Lo qué haría distinto si me tocara una situación así sería tratar de mejorar el liderazgo de mi jefe con herramientas de coaching. Ayudarlo a aprender a separar hechos de interpretaciones para que decida lo mejor posible para él y su empresa.

Inyectar energía

En una época en los boletos del transporte de pasajeros de mi ciudad solían poner frases en el reverso. Uno de ellos lo conservé varios años en mi billetera y tenía algo atribuido a Séneca: "Cuando un hombre no sabe a qué puerto se está dirigiendo, ningún viento es el correcto".

Daniel solía contar que había aprendido sus mejores lecciones a partir de un montón de traumática experiencia. Había sido gerente durante los 90 de una cadena prestigiosa de distribución de CD´s y aparatos de tecnología informática. La empresa lideraba cómodamente en su sector con sucursales en todo el país y logró imponer una marca característica muy cool.
Pero la situación cambió rotundamente casi de un momento a otro. Se notaba una crisis en general en las calles y en los noticieros argentinos en esos días, pero esta compañía parecía intocable. Por eso lo inesperado del golpe.

Les llegó una notificación ordenando que de inmediato había que girar todo el efectivo, hasta la última moneda a la casa central, cerrar la sucursal y presentarse todo el personal en Buenos Aires a las 48 horas. Junto con la notificación estaban los pasajes aéreos de ida y vuelta para todo el personal de la sucursal.
Una vez ejecutada la orden y estando en la capital de Argentina, se les notificó del despido y se les entregó el pago de la indemnización correspondiente como marca la ley laboral.

No hubo capacidad de reacción a nada. Parecía una pesadilla vertiginosa, de sólo imaginarme cuando lo contaba.
Una vez que volvió, con la plata en mano, entró en una depresión que lo llevó a internarse con medicación, mientras odiaba con todas las ganas, a tal punto de gritar insultando a la pantalla, a la situación y a los responsables del gobierno y la economía.
Su carácter enérgico y productivo cayó hasta ser un mínimo hilo de vida aplastado por la incertidumbre y el sinsentido de las cosas.
Lo que había cobrado por indemnización se esfumaba por la hiperinflación. Si quería ahorrar en plazos o dólares, el sistema bancario no garantizaba nada porque estaba quebrado y estaba vigente un corralito que confiscaba los depósitos.
El estupor no le dejaba pensar. Prefería querer morirse antes que luchar.
Pero para el que resiste, todo pasa, y en unos años logró ser incorporado como gerente en otra cadena en la que nos conocimos y fue mi muy buen líder.

Aprendí de su historia que debemos poner mucho cuidado en conocernos a nosotros mismos y saber cuál es el espíritu que nos sostiene en la vida, porque si nos apoyamos en un "por qué" muy débil, ésta se nos va tras los motivos equivocados con tanto esfuerzo que ponemos en vivirla.

Se puede obtener más energía, ser persistente y los obstáculos se pueden superar más fácilmente con la fe y la oración, y cuando el espíritu del líder más esté fortalecido, más energía tendrá la organización.
La fe produce una visión e intuición que nos permite anticipar los problemas. Si conocemos nuestro propósito, los obstáculos serán reducidos a sólo una demora y seguiremos el camino. Si no conocemos el propósito de nuestra vida, el obstáculo se convierte en el fin del mundo.

Qué haría distinto yo en alguna situación así?
Buscaría sabiduría, nuevas formas de pensar, en un nivel superior, como lo es el divino. La oración aclara la mente, se lleva las preocupaciones y da discernimiento para liderar los cambios. Nos permite sobrellevar lo que está fuera de nuestro alcance y control.

La vida privada igual a la vida pública

Es una ley universal, por lo tanto si se la viola, tarde o temprano todo sale a la luz y se pagan las consecuencias. Y mientras no salga a la luz, la conciencia se ocupará cada vez más insistentemente de recordarlo: la verdadera integridad es hacer lo correcto siempre, aun sabiendo que nadie sabrá si uno lo hizo o no.

Un mentor una vez me contó una historia muy interesante sobre la sinceridad.
Él decía que en la antigüedad existían mercaderes especializados en la compra y venta de vasijas de barro. Tenían una experiencia y capacidades de distinción sobresalientes y vitales para su

negocio porque debían inspeccionar cuidadosamente la mercadería antes de adquirirla y luego trasladarse muchos kilómetros a través del desierto para llegar a otras ciudades para comerciar.

Resulta que en el proceso de fabricación, el artesano seleccionaba cuidadosamente el barro a emplear, que debería tener un óptimo balance entre tierra y humedad, que le permitiese moldear delicadamente la obra. Si era muy húmedo no podía darle forma, en cambio si era muy seco se deshacía en el torno.

Algunas veces, luego de estar trabajando un buen tiempo con ese barro girando en el torno, y cuando ya iba tomando la forma deseada, el artesano detectaba al tacto con sus manos alguna piedrita. El procedimiento correcto en ese caso era descartar ese barro, sacarlo del torno y empezar todo de nuevo. Pero, algunos artesanos, algunas veces no querían hacerlo de esa manera, así que continuaban el proceso y especulaban con que la piedrita saliera expulsada en algún momento hacia afuera. Si no sucedía así, la piedrita quedaba atrapada en la pared de la vasija y así iba al horno para secarse.

Pero allí sucedía algo interesante, porque cuando se sometía la pieza a la presión de altas temperaturas se quebraba, por no ser íntegra, es decir de una sola pieza.
El alfarero inescrupuloso recurría a una solución temporal, poniendo cera en las rajaduras y pintando encima, logrando una pieza de hermoso aspecto y brillo pero débil por dentro, incapaz de soportar presión.

A simple vista, de cualquier persona inexperta en el arte de conocer los detalles de calidad en una vasija de barro, esto pasaba desapercibido en el momento. Pero la consecuencia de adquirir una pieza con esa falla, sería la pronta ruptura, esta vez bajo otra presión, la del líquido contenido.

Entonces era habitual que el mercader comprador experto cuando llegaba, pedía para examinar detenidamente vasijas "sin-ceras", y de ahí supuestamente tiene origen el término sinceridad.

No sé si esta historia es verdadera, lo que sí sé es que se puede comparar a la de un líder en PYMES.

Este debe tener la capacidad de exponerse y administrar presión sin quebrarse ni quebrar a la organización. Es su núcleo fundamental.
Si la vida privada del líder mantiene cosas ocultas en su carácter, este estallará ante las presiones. El deseo de liderar debe ir acompañado de disciplina.
El líder será probado de a poco, y es mejor volver a empezar con las lecciones que no aprendió y no tratar de ocultarlas, saltearlas o esquivarlas.

En una posición similar trataría de conocerme más. Autoevaluarme y comparar con la evaluación sincera de lo que otros hagan de mí, para conocer mis puntos ciegos y flancos débiles, para poder trabajar en ellos y mejorar. Y no dudaría reconocerme vulnerable y pedir ayuda en esas áreas.

Hacer un muro de fuego contra la negatividad

Una mente con potencial pero sin un propósito elevado y sin disciplina es talento desperdiciado. Puede ser que prospere un tiempo, pero no suele llegar a lo que podría haber sido en realidad. Tuve un compañero, Ariel, colega que gerenciaba un sector en una empresa de electricidad y comunicaciones en la que trabajé 8 años, que tenía muy buenas ideas, potencial, valentía y excelente olfato para reclutar a los mejores para su equipo.

Aprendí algunas cosas muy buenas de él, como su resistencia, su practicidad para resolver problemas, su capacidad para minimizar los dramas y su tenacidad para lograr resultados.

Pero toda esa ganancia y credibilidad que obtenía no la podía capitalizar para crecer sino que apenas le alcanzaban para compensar permanentemente las fallas de su carácter y su desorden.

Una vez organizó un evento de lanzamiento del servicio de internet en banda ancha para nuestra ciudad, llenando un teatro de una universidad con académicos y técnico. Fue su mayor hito, porque se posicionó como una súper estrella con la que todos querían sacarse fotos, hacer negocios y pedirle consejos de negocio y tecnología.

Yo lo admiraba y suponía que pronto estaría siendo tentado por algún cazatalentos para llevarlo a una multinacional tecnológica.

Pero no fue así. En paralelo, vivía un desbalance desconcertante. Por ejemplo eran conocidas sus actitudes de acoso a colaboradoras (en esa época no se denunciaba tanto), compromisos contraídos y no cumplidos a clientes, llegadas tarde casi todos los días a la oficina o hasta incluso desaparecer algunos días sin atender el móvil, y rendiciones de gastos no documentadas ordenadamente.

El colmo fue cuando discutió y se llegó a trenzar con golpes de puño con un colega en la oficina.

El mismo dueño de la firma no sabía qué hacer con él. Por un lado le caía bien su enfoque a resultados comerciales, pero por otro lado su desorden no encajaba con los valores de la empresa. Era evidente que no se podía planificar cosas grandes y a largo plazo.

Más adelante, ya como emprendedores independientes, nos volvimos a encontrar y lo seguí admirando por sus virtudes, pero seguían presentes casi a la misma altura sus debilidades.
Recuerdo que yo tenía una pequeña oficina como base de operaciones para mi emprendimiento de cableado de redes integradas de computadoras y Ariel estaba absolutamente quebrado. Me rogó por un espacio para una silla para que su esposa activara teléfonos celulares desde allí, para clientes que él mismo se encargaría de traer. Había estado haciendo ese trabajo precario en un locutorio, pero el dueño se avivó y cuando vio el flujo de ventas, decidió correrlo y hacerlo por cuenta propia.

Mi oficina estaba metida en una galería poco transitada, casi escondida, porque solamente la usaba para cuestiones logísticas, no para atención al público, así que accedí pero casi con pena porque no creía que tuviera posibilidades de atraer clientes a ese lugar.

El primer día de nuestro acuerdo salí a mis visitas a clientes y cuando volví a la tarde vi a unas 15 o 20 personas haciendo cola para entrar en la oficina. Y eso se convirtió en una escena habitual. Siguió con éxito hasta lograr en un par de años instalar algunos locales de ventas propios más, resultado de la tenacidad y voluntad decidida de mi amigo. Pero nuevamente, a pesar del potencial al que podía elevar su negocio, no crecía lo esperado.
Su vida privada seguía siendo inquieta, llegó al divorcio, incertidumbre familiar y financiera. Como ciclos o paradigmas que lo atrapaban nuevamente. Paradigmas construidos por su siembra misma.

Al observarlo a él y a otros líderes de micro emprendimientos considero que hay que estar dispuesto a mejorar las áreas que dañan la integridad del líder.

El balance familiar hay que cuidarlo, es la base donde se construye casi todo lo demás. Si no es sólido y firme, corre el riesgo de desmoronarse en cualquier momento.

Dominarse a uno mismo primero para poder dominar el territorio que se conquista, vigilándose diligentemente y manteniendo la sobriedad para no dañarse a sí mismo ni a los que observan nuestra obra.

En un caso así yo buscaría mentores, modelos o compañeros con los que pueda tener la suficiente confianza e intimidad como para que me puedan a mejorar en las cuestiones privadas que hacen a la integridad. Tomaría más conciencia de que tarde o temprano un desbalance en la rueda de la vida que utilizo para transportarme, puede provocar un accidente que demore o ponga fin al viaje hacia mis sueños.

Capítulo 3
Diseñados para sacar a luz lo mejor

Fuimos diseñados para sacar a luz, lo mejor de todo lo que se encuentra bajo nuestro cuidado.
¿Cuándo alguien es más grande que uno? Cuando puede ver mi potencial que ni yo mismo podía percibirlo.
A mi papá le tocó un rol bravo como líder, porque debía guiar simultáneamente a su negocio y empleados y familia. Y cuando digo familia me refiero a que en distintas épocas fue a sus propios padres, a sus hermanos y luego a su esposa e hijos.
Un mix de mozos, cocineros, cajeros, lava copas, maestranzas entremezclados extraños con parientes.
Él se levantaba todas las mañanas antes que toda la familia y era el último en llegar y acostarse, todos los días del año.
Cuando no teníamos clase mi mamá nos preparaba para poder estar con nosotros sus cinco hijos niños cerca de las 10 hs. en el negocio trabajando con él hasta las 20 que nos volvíamos a casa.
Mi papá se quedaba hasta las 22 o 23 ajustando todos los detalles para el turno de la noche, porque el negocio estaba abierto las 24 horas.
Enérgico, resistente, temperamental y siempre esforzándose mucho para ser paciente con nosotros, así lo recuerdo.

Sus empleados lo respetaban, lo querían y admiraban, a pesar de ser bien estricto con el trabajo. Y ahora me doy cuenta que ese respeto se debía a que se daban cuenta que era la misma persona en su carácter y comportamiento en el negocio como con nosotros, su familia. No teníamos cosas para disimular u ocultar. Nuestra forma de manejarnos en privado como en público era la misma. El mismo cuidado, humildad, sencillez y sacrificio.
Y nosotros a pesar de ser niños, sin saberlo también evaluábamos eso. Hubiera sido tristemente muy distinto si nosotros hubiéramos percibido a un papá que era de una forma a puertas cerradas y otra en público.
Conozco a algunos hijos de líderes que se sintieron defraudados por sus padres por este asunto

"Papá en público es una cosa, pero en casa es otra" suelen decir. Y lo más triste que estos hijos de líderes tomaron caminos absolutamente distintos al que hubieran querido sus padres, se rebelaron a esa autoridad por su falta de credibilidad.

También conocí personas que colaboraban de manera más íntima que el resto del equipo con determinados líderes, y conocían algunos de sus vicios y debilidades ocultas y decían que se sentían como con un poder especial para extorsionarlos o hacerles algún daño si fuese necesario en algún momento.

Mi padre podría tener seguramente como toda persona, defectos en su terminación, pero fue la persona más íntegra que conocí, y esa es la cualidad que más perdura en mi recuerdo de él y me bendice.

En una cultura de lo relativo, el líder debería esforzarse por moldear un carácter absoluto, sólido y verdadero.
Debería ser un maestro desde el ejemplo, tanto en su vida privada como pública, modelando el corazón noble y justo como el de un rey, debiendo guiar y aconsejar a los más débiles en cuanto a capacidades y carácter, principalmente con el ejemplo.
Tendría que influir practicando primero lo que predique para recién después exigir disciplina a sus seguidores.
Conducir por delante inspirando, modelando, creando, imaginando, aclarando, trabajando y produciendo.

Vivir según valores y ética

"Mi vida es un todo indivisible y todas mis actividades convergen unas en otras. Mi vida es un mensaje" (Mahatma Gandhi)

Voy a contar los resultados que observé en dos jefes que tuve, las cosas en las que se parecían, las cosas en las que eran diferentes y sus resultados.

Uno de ellos, Jaime, un gran empresario del sector de la elaboración de envases plásticos. El otro, Roberto un comerciante de maquinarias y equipamiento.

En el momento que me contrata Jaime, yo tenía unos 12 años de experiencia trabajando como empleado en otras empresas, y conociendo de cerca la cultura de estas porque les vendía productos y servicios. Y una práctica habitual en todas estas era retacear casi todo lo que se pudiera en cuanto a pagar salarios. Entiendo que la naturaleza del empresario es ganar dinero con la mejor estrategia que considere y como único marco limitante, lo que marca la ley. Pero hay una gran franja gris en esto, que estoy convencido, si se especula con ello, igual hay consecuencias que se terminan traduciendo en pérdidas y fugas.

Tristemente estas prácticas adoptadas estaban naturalizadas en la cultura que yo frecuentaba.

Muy macanudos en el trato, haciéndote sentir tus amigos, te palmean en la espalda, todo bien, pero ¡NO TE PAGAN LO QUE CORRESPONDE!

Las malas costumbres típicas: hacer firmar recibos de sueldos a los empleados por media jornada pero exigirles cumplir el horario completo o hacer horas extras; exigir asistir en jornadas de vacaciones, feriado o francos, no pagar y hacer firmar el recibo como si se hubiera liquidado; comprar y vender mercadería de contrabando o sin facturar para evadir los impuestos correspondientes; quedarse con subsidios derivados del gobierno que debían ser destinados a bonos, o con los incentivos para los empleados, premios, viajes, merchandising que envían los fabricantes; asignar cargos y responsabilidades, como supervisor, encargado, especializado o capataz pero pagar solamente honorarios de empleado raso; vender con sobreprecios y pagar comisiones a funcionarios para conseguir negocios con el gobierno haciéndose cómplice de la corrupción.

Pero mi empleador, Jaime, tenía otras prácticas. Casi contrarias. Tosco en el trato personal, exigente pero cumplidor en lo que considero lo verdadero, tangible, real en una relación laboral y comercial, que es el pago en término.
Este me decía todos los meses

-"¿Está conforme con lo que cobró? ¿Le sirve eso? ¿Le liquidaron bien las horas? Porque mire que dentro de esas horas le voy a exigir al máximo. Y le pido lo mismo con el personal que está a su cargo. Que trabajen las horas necesarias y que se le pague absolutamente todo como corresponde.
No quiero ni que estén ni un minuto demás en la empresa si no están produciendo, ni que se deje de pagarle por lo que les corresponde por lo producido."

Ha prosperado mucho, liderando y PYME a convertirse en gran empresa, se vincula con otros grandes, entre los cuales los procesos de pedidos y pagos están casi todos bancarizados y automatizados, entonces pareciera ser que no hubiera lugar para la evasión o algo parecido. Promueve e inspira confianza.
A Jaime le va muy bien. Fundó su empresa haciendo él todo, con su esposa, según me contaron los empleados más antiguos. Decían que nadie le podía seguir el ritmo ni la cantidad de horas corridas de trabajo, esto los inspiraba y lo respetaban mucho por eso.
Actualmente su compañía es millonaria con más de 30 años de permanencia, sigue liderando su sector, innovando y creciendo.

Roberto también es muy trabajador, enérgico, tenaz e inteligente. También es exigente y algo menos tosco en el trato con sus colaboradores pero presenta algunos de esos vicios que describía al principio.

No llega a aún a crecer a Gran Empresa todavía. A pesar de que suben los volúmenes de venta y participación en el mercado, mes tras mes, pérdidas sorpresivas se llevan gran parte de su rentabilidad, que lo obliga a financiarse por afuera permanentemente. Es como un freno de mano puesto que le impide llegar rápidamente a lo que podría ser según la proyección de potencial que observo en él.

El factor confianza, un valor invisible pero que lo cambia todo, el ingrediente que determina el éxito o el fracaso en cualquier organización y lo relaciona directamente a la velocidad de con la que se podrán concretar o no los negocios.

El liderazgo PYME para conducir un equipo a altos niveles debe reflejar valores y éticas elevadas. No olvidemos que la vida es un conjunto de valores y ética entrelazados en un núcleo que genera actitudes, actos y resultados.

Abramos los ojos hacia adentro, los valores y la ética equivalen a poder. Su debilidad o fortaleza es directamente proporcional, nos pueden impulsar o no pueden detener.

Aliento a los líderes a invertir más en auto conocimiento, auto conciencia, revelando las motivaciones, revisando la existencia y claridad de las escalas de valores periódicamente

¿cuáles cambian y cuales permanecen en su orden? ¿coinciden esos valores con lo que espero de los demás?

Controlar el buen uso de la libertad

No sé cómo será en el futuro, pero hoy, año 2.019 en cada barrio de nuestro país existe al menos un supermercado administrado por chinos.

Tani se llama el dueño del que está cerca de mi casa, no sé su nombre chino verdadero porque siempre que me le preguntamos me dice "Tani nomás".

Se nota su progreso y cuando le pregunto cuál es su secreto me dice que tiene como lema un proverbio de sus tierras: "si quieres un año de prosperidad, cultiva arroz. Si quieres 10 años de prosperidad, cultiva árboles. Si quieres 100 años de prosperidad, cultiva personas".

Tengo algo de experiencia en el diseño de sistemas de control de producción y tareas.

La primera fue para una empresa que presta servicio técnico en su propia sede y en el domicilio del cliente. Fue un gran desafío poder encontrar la forma de medir la productividad verdadera de los técnicos e ingenieros, depurando esa información junto con otros factores como traslados, esperas, diseños, funciones intelectuales y capacitaciones

Esta tarea es clave porque permite conocer el verdadero costo de la hora hombre para servicios, y así poder determinar el precio de venta y la rentabilidad de ese negocio.

Parecía imposible, para una PYME en los años 90, pero se logró. Logramos un proceso basado en una hoja de servicio, que tomaba una operadora/despachadora en la que se detallaba la hora de inicio, kilómetros de traslado, insumos, tiempos de espera, combustibles, refrigerios, almuerzos, hospedajes, servicio normal o especializado, supervisión, chequeo y hora de finalización.

No existían o no eran accesibles aún los avanzados sistemas de tracking o los software de atención integrada a clientes para call centers. Esto ha evolucionado tanto que actualmente ya se están usando soluciones que involucran hasta tecnologías de inteligencia artificial para esa función.

La segunda vez, para una planta industrial dedicada a la fabricación de envases de plástico y de papel.

Era parecido al anterior, pero en este caso se enfocaba en todo el proceso que transcurría dentro de la planta, desde la orden de compra del cliente hasta su puesta en el camión para la entrega, tratando de detectar, ajuste tras ajuste, periódicamente, los tiempos "muertos", o sea lapsos durante la jornada laboral en la que el pedido no estaba siendo trabajado, a veces demorado entre una sección y otra.

Las fábricas de envases suelen tener varias secciones según los tipos de máquinas y conocimiento de los operadores, como por ejemplo extrusión, confección, impresión o laminado. Mejorar la interface y la comunicación entre cada una de estas secciones es crucial, porque cada minuto que transcurre equivale a costo de energía y mano de obra.

También con un sistema de hojas de servicio se lograron importantes avances en el sistema de control de producción.

Asegurar al punto de detalle que la gente trabaje parece una tarea interminable, agotadora y a veces desagradable, tanto para el empleado como para el patrón.

"El hombre es bueno, pero si se lo vigila es mejor" decía un mítico presidente, pero existen otros caminos de mejora de la producción de la persona por medio de promover la propia responsabilidad y el compromiso surgido de su nivel de auto liderazgo.

El nivel de eficiencia de una persona tiene todo que ver con su capacidad de liderar, en primer lugar su propio carácter.

¿Y cómo se puede lograr esto, cuando nuestra educación intelectual y emocional se basó casi permanentemente en hacer cosas, en base a instrucciones que posteriormente serían evaluadas con una nota de aprobación o desaprobación?

Mi sugerencia es alentar a las personas a hacer su experiencia en algún negocio de ventas directas y redes de mercadeo, en paralelo con su empleo.

Estas empresas tienen la particularidad de elevar el nivel de conciencia de las personas en cuando al uso responsable de su libertad, acelerando el aprendizaje de la auto disciplina y el auto liderazgo.

Ofrecen premios y recompensas a quienes logran mejorar su disciplina por sí mismos. Nadie obliga a nadie para el logro de sus objetivos personales. Se puede ganar dinero extra o se puede hacer una carrera ejecutiva. Los líderes en esos negocios inspiran, alientan, enseñan y ayudan, pero no controlan.

El que quiere lograr mucho, se capacita, se compromete, se desarrolla a sí mismo y trabaja mucho. El que quiere lograr poco está en libertad de hacerlo a su ritmo.

El miedo que debe soltar el empleador en este caso es que su empleado desarrolle tanto nivel de excelencia y responsabilidad, que termine convirtiéndose en un ejecutivo empresarial que quiera renunciar y dedicarse a liderar a otros.

En el equipo puede llegar a pasar que luego de invertir capacitando a una persona esta se vaya, pero es más difícil llegar lejos si es que no se capacita y se quede.

Se pueden lograr nuevos niveles trabajando con ética laboral. Cuando trabajamos sólo para el ojo de la gente, lo hacemos mejor cuando nos miran y aflojamos cuando estamos a solas.

Dios y las leyes divinas recompensan tarde o temprano todo lo bueno que se hace. Esto incluye el desarrollo personal y el compromiso ético.

La gente suele olvidar la velocidad a la que se hicieron los trabajos, pero suele recordar la calidad con la que se hacen.

En definitiva todos trabajamos para nosotros mismos y para Dios que lo ve todo.

Desacostumbrarse a pescar siempre en la pecera

El líder PYME tiene como responsabilidad discernir la realidad.

La matemática de los negocios es bastante simple. Se compra la mercadería a un valor, se le recarga un margen de ganancia, se vende y se cobra.
Luego, se supone, que una vez cerrado ese ciclo, se repite la mayor cantidad de veces y a la mayor velocidad posible. En teoría, con el dinero de la venta de esa primera compra, debería alcanzar en primer lugar volver a comprar la mercadería, para pagar todos los gastos, para pagarse a uno mismo y para obtener una rentabilidad limpia que nos permita ahorrar o hacer crecer más la empresa.

El asunto es que para que se cumpla en la práctica esta teoría, se requiere del líder responsabilidad, un carácter muy firme y mucha templanza, porque no hay nada más emocional y espiritual que el dinero. Este es un elemento material que manifiesta lo que en esencia somos. Y cuando se está creciendo hay que mirar con lupa cada vez más potente para encontrar los gastos y pérdidas disfrazados de ganancia. Son puntos ciegos a los que uno tiene que estar dispuesto a ver con claridad.
Si soy abundante, generoso y ordenado en mis valores, emociones y hábitos, mis finanzas serán de esa manera. De lo contrario se manifestarán escasez, mezquindad y desorden.

Viví esa experiencia trabajando para Rubén, un caballero que cumplía todos los requisitos para ser un extraordinario empresario

y ejecutivo. Una estatura y porte estilo europeo, muy llamativo en nuestra zona, un tono de voz y dicción de inspiraban solidez y sabiduría, y una madurez en la edad con la experiencia como emprendedor y del roce ejecutivo corporativo suficiente como para encarar cualquier tipo de negocio y que le vaya muy bien.
Le estaré eternamente agradecido el haber aprendido de él, el darle postura a los negocios y relaciones.
Encima tuvo la fortuna de poder conseguir un tremendo producto de tecnología y telecomunicaciones para comercializar, en un momento excepcional para hacer ese tipo de negocios.
No dábamos abasto de tanta demanda y el dinero en la caja entraba a montones. En el arranque de nuestro crecimiento, otra empresa mucho más grande y ambiciosa, nos ofrece una asociación estratégica, que fue como una catapulta que nos depositó automáticamente en las "ligas mayores" como dicen los estadounidenses.
En apariencia, la situación de negocios soñada: oferta y demanda con un potencial gran líder.
Pero, como suele suceder en muchas cosas en la vida, oportunidad y momento oportuno son cosas distintas y no coinciden.
Pasó esto con mi queridísimo Rubén, porque en los años en los que convergen estos factores para prosperar, su carácter privado y su vida no estaban en el mejor balance. Perdió el foco y la visión con distracciones y la abundancia en la caja registradora apuró el declive de su negocio como si fuera un gran boquete al que todos los días, en vez de repararlo, lo hacía más grande.
Para esa época, justo, Rubén tenía una nueva compañera que no estaba involucrada en la misión y visión del negocio. Ella sí se involucraba en participar y aportar ideas sobre cómo gastar el efectivo en esparcimiento más que otra cosa. Él estaba menos tiempo del que se le necesitaba en el negocio, no tomaba las decisiones claves con la lucidez y reflexión necesarias y las extracciones del dinero de la caja para su uso personal eran cada vez más abultadas.

Así rápidamente, dejó de reinvertir, de expandirse y a desfinanciarse, apelando luego a plazos cada vez más largos para los pagos y abonando intereses muy altos por la ayuda de préstamos financieros.

En unos meses no había mercadería suficiente en el depósito para atender la demanda, los clientes se quejaban por las demoras, la calidad de la post venta desmejoró por la falta de supervisión y así el negocio dejó de brillar mientras crecían los competidores.

Pescábamos mucho en la pecera, pero no nos fue bien. Una historia que podría haber sido ser de liderazgo exitoso, termina como un fracaso gris e infructuoso.

Ser emprendedor no es un juego de niños. Requiere una preparación casi atlética de la mente para ganar.

Hay que estar dispuesto a establecer sistemas sinceros de evaluación de recursos, para desarrollar los planes y diseñar estrategias, todo el tiempo. Muchas veces la información de esa evaluación no nos gustará tanto, pero no hacerlo es manejar a ciegas.

Entender de verdad que todo lo que está en la caja registradora no es ganancia.

El líder, por el bien de la PYME, debería establecer un férreo mecanismo de rendición de cuentas y lo ayudaría mucho en ello un coach personal.

Debería dejar establecido honorarios fijos como director de la firma y recién al finalizar el año económico debería decidir qué hacer con la rentabilidad neta del negocio (si es que la hay).

En otra oportunidad fui comisionado junto a otros compañeros, para llevar adelante una gran operación comercial. A veces las

puertas de los negocios, por más empeño, formalidad, información, detalle o solvencia que se le ponga, no se abren.
Otras veces la clave para que suceda la negociación es cuando fluye conexión entre personas, esa esencia fundamental basada en la confianza subconsciente.
Y esta negociación la lideraba yo, porque "pegamos onda" con el representante del cliente prospecto, que en este caso era el municipio de la ciudad.
El día que firmamos lo que para nosotros fue en ese momento una especie de mega acuerdo, volvimos llenos de adrenalina, orgullosos a contarle al líder principal de la empresa lo sucedido. Le informamos que aún los asesores del comprador que en un principio habían puesto trabas en la negociación habían terminado colaborado.

Lo que me contestó, me resultó muy importante de ahí en adelante para mi vida, sentí que me reafirmó su confianza al haberme delegado su representación:

-"Te sobra paño para este tipo de negociaciones. Yo percibía tranquilamente durante este proceso que la operación iba a salir para nosotros.
Y no nos quedemos con sólo la alegría de hacer esta venta. Lo más importante es lo que se viene, porque con la capacidad de liderar este tipo de cosas en un nuevo nivel, se potencia la posibilidad de ir en nombre de la firma a conquistar mercados muchos más grandes.

Me di cuenta que estábamos eufóricos, y mi líder uso eso momento, que es la mejor condición emocional para anclar en la mente los aprendizajes
Nos enseñó a reflexionar el resultado y confirmó el éxito de la estrategia para hacer crecer la visión.

Ayudó a que recordemos que más allá de la victoria presente, este es un hito que nos debe enfocar en la visión, ese cuadro general, que es el que merece los mayores festejos.

Impulsó el ciclo virtuoso de poner acción y practicar. Luego evaluar la experiencia y reflexionar para actuar aún mejor en la próxima oportunidad.

Es muy positivo tomar notas de las experiencias de triunfo y sobre lo que se puede hacer mejor; generalmente lo hacemos cuando perdemos solamente, para aumentar la habilidad capacidad de auto evaluación y mejora constante.

Liderar influenciando

En una pizarra cerca del dispenser de agua de una sala de conferencias que solemos utilizar en capacitaciones que brindamos con mi esposa Sonia, está puesto un cartelito que dice:

"Estimados Optimista, Pesimista y Realista.

Mientras ustedes estaban ocupados discutiendo acerca del vaso de agua, ¡me la bebí!

Atentamente,
El oportunista"

Como casi todas las sucursales de las cadenas de ventas de electrodomésticos y productos tecnológicos, la nuestra estaba ubicada en el corazón comercial de la ciudad, lugar céntrico inigualable, cerca de los principales negocios, bancos, financieras y oficinas.

Y como suele suceder a lo largo y ancho del país, pegados a una sucursal del competidor líder en el sector.

Ambos vendíamos casi los mismos productos y prácticamente al mismo precio. Entregábamos en el local y se distribuían por correo en las casas, unos catálogos, en formato de revista, con las ofertas de cada mes, y la foto de la tapa de ambas solían ser muy parecidas.

Creo que los líderes de nuestra empresa adoptaron una decisión muy sabia, la de seguir al líder del mercado.

Nuestro competidor hacía el mayor gasto y desgaste al ocuparse de atraer los clientes desde los distintos puntos de la ciudad hacia nuestra cuadra, hacer la investigación del mercado para establecer las ofertas y diseñar una campaña de marketing atractiva.

Nuestra empresa no tendría que hacer todo eso, sino solamente observar y tratar de imitar todo lo que pudiera para su éxito.

Y te aseguro que resultaba! Porque teníamos todo el tiempo clientes en el local producto de las acciones del líder del mercado y nuestras posibilidades de vender eran del 50%, quedábamos casi en igualdad de condiciones a la hora de la verdad.

Por ejemplo algunos venían para comparar precio, otros enojados por la mala atención o la demora, y algunos otros confundidos arribaban a nuestro local creyendo que iban a la otra empresa.

No sé a cuantos le gusta ser segunda marca, pero a la hora de facturar es mucho mejor que ser tercera, cuarta o décima.

Mi ciudad está en una región de frontera, al lado de otra ciudad de otro país, Encarnación, Paraguay, separadas por el Río Paraná, conectadas por un puente internacional que facilita el traslado, la compra y el contrabando de los posibles clientes.

Las mercaderías suelen ser de precio menor, especialmente por diferencias de cotización en las monedas, temas impositivos, también por mayor existencia de opciones en productos chinos y por estar inundado de imitaciones de marcas conocidas.

El hecho era que estos competidores existían, punto. Lo que no se sabe con datos científicos, numéricamente precisos cuánto incidían en nuestras posibilidades reales de negociar. Y convivíamos con esa especie de complejo de inferioridad, haciendo las cosas lo mejor posible, pero con una actitud no tan ganadora.

Entonces nuestra sucursal, se encontraba calificada en el rango de categorías de la compañía, por volumen de facturación, en el nivel C. Según lo que nos decía el gerente regional cuando nos visitaba, que tranquilamente podríamos ser de nivel B y con un poco más de esfuerzo llegaríamos al A. Para demostrar su teoría, traía la estadística de otras sucursales ubicadas también en zonas de frontera y con igual o menor cantidad de habitantes en la ciudad.

Veíamos y comprendíamos el dato, pero no creíamos en nuestras posibilidades. Y el que no creía especialmente era Mario, nuestro gerente de sucursal en ese momento, porque tenían más argumentos sobre el poderío de nuestros competidores, que sobre nuestro potencial y las oportunidades para mejorar.

Mario tenía todas las posibilidades y la preparación como para ser un gran líder, con imagen correcta en su aspecto físico, buen vocabulario, amable, conservador en sus costumbres, cumplidor con las normas, procesos y horarios; y no hacía nada sin consultar al detalle a los superiores. Y exigía lo mismo de sus colaboradores.

Pero sus creencias limitantes se trasladaban fuertemente en nuestras propias creencia como equipo, que daban como fruto a una actitud limitada con acciones manifestadas y resultados eran de baja performance.

Un día esto cambió repentinamente, porque el gerente de una sucursal cercana pidió el traslado a otra ciudad, le concedieron y enviaron entonces interinamente a nuestro gerente a dirigirla.
Mientras tanto, a nuestro equipo mandaron para que nos lidere Daniel, alguien que hasta ese momento estaba como subgerente en otra provincia.
Este hombre no tenía tanta pinta de gerente tradicional, bajito, de hablar rápido y pocas palabras, pero enérgico, decidido y principalmente con una obsesión por subir en los números de ventas como no habíamos visto hasta ese momento.
Una de sus estrategias fue trabajar uno por uno en la mentalidad de los vendedores, conociendo sus aspiraciones y motivaciones, enlazándolas con los propósitos de la empresa, y utilizando a esta como plataforma de logros.

Por ejemplo a uno le decía: "¿Juancito, hace cuánto que andás en esa motito? Es peligroso para vos y tu familia ¿por qué no te comprás un auto? Andá a verlo a mi amigo que tiene una concesionaria y te va a mostrar uno que lo vas a pagar en cuotas con las comisiones que vas a ganar desde ahora. Yo te voy a ayudar".
Y Juancito iba, se compraba el auto, y el compromiso contraído no le daba chances de relajarse en las ventas. Tendría que llegar sí o sí a los objetivos pautados para poder cobrar la comisión y pagar el auto que estaba disfrutando ahora con su familia.

A otro, que era soltero le decía: "Miguelito, por qué no te equipás con todo de primera en tu departamento, podés vivir de lujo como un rey, ahora que no tenés la responsabilidad de mantener una familia todavía. A las chicas les impresiona eso"
Y Miguelito le hacía caso a la idea y se compraba todo nuevo, de lujo y en cuotas con un crédito especial que le facilitaba nuestra propia empresa.

Así fue uniendo en coherencia las aspiraciones personales de cada uno de los miembros del equipo, con las metas de la compañía.
Nunca se detuvo en argumentar debilidades y desventajas. Siempre que encontraba un 1% de potencialidad le ponía el 100% del esfuerzo en hacerlo crecer.
Por ejemplo, si había algún modelo de impresora con stock abundante y al mejor precio, se aseguraba de llenar el local exhibiéndola y recordando todo el tiempo a cada vendedor de ofrecer esa impresora a todos los clientes que entraban al local, hasta que se agote.
Jamás ponía atención en lo que no teníamos o nos faltaba para igualar algo que ofrecía la competencia.

¿Y sabés lo que sucedió? Llevó en sólo algunos meses a la sucursal a ascender a la categoría de nivel A por volumen de ventas.
Al cabo de unos años, la competencia entró en una crisis financiera que la obligó a una re-estructuración con ajuste preventivo de emergencia.
Por méritos propios, persistencia y ayuda divina, Daniel venció liderando con su actitud de influencia positiva.

Cuando el líder argumenta sobre las debilidades en vez de desarrollar estrategias para ganar, el equipo se debilita y se olvida de pelear.
El líder puede influenciar positivamente con el simple hecho de recordar sus victorias pasadas, evaluar la situación presente y con los recursos que tiene a mano empezar la acción con las batallas que puede ganar así puede hacer entrar al equipo en rachas victoriosas. Una vez que sucede una victoria, suele venir otra y hay que seguir acostumbrándose a ganar.

Tratá de ser ese líder para tu PYME, que toma la iniciativa, ignorando los argumentos pesimistas dando el ejemplo visualizando el ganar y vivir con mentalidad positiva.

Entender el juego

"Sabés lo que pasa Francis? Los pibes de ahora creen que emprender es un juego de niños. Ven un video en Youtube del discurso de Steve Jobs o repiten memes con frases superficiales sobre el éxito de Bill Gates, o de otro que cuenta en las conferencias TEDx su idea revolucionaria de un café temático con la que se hizo millonario, y se piensan que es fácil. Y en realidad, ser emprendedor es como prepararse para los deportes de riesgo. Tenés que estar bien de la mente, fortísimo del corazón, súper entrenado y con una resistencia extraordinaria. Y ni aun así tenés garantizado el éxito o que no te fundas."

Esto me lo decía Juan Carlos, un amigo que tiene negocios de seguros y de capacitaciones y conferencias en un hermoso auditorio con coworking en la ciudad de Corrientes.

Y me sonaba cierta esta afirmación porque yo mismo había encarado varias veces, de manera inmadura, proyectos de emprendedor.

Solía estar trabajando como empleado algunos años, mientras tanto iba comprando el equipamiento para mi próximo emprendimiento independiente, para liberarme del hartazgo y la insatisfacción laboral, soñando con una vida más cómoda; luego me lanzaba, aparecían los imprevistos, la vida emprendedora y las finanzas se ponían más duras, y me rendía volviendo a un empleo.

Así repetía este ciclo, una verdadera rueda de la frustración, con algunas variantes o ajustes, una y otra vez. Hasta que entendí que emprender requiere pagar un precio especial, especialmente para poder adquirir una mentalidad especial.

Solía oír a mi propio hijo pre adolescente y sus amigos sus ideas sobre la moda de triunfar como youtubers o cantantes de hip hop o freestyle. Entonces yo muy curioso iba a verificar eso, mirando de qué se trataba, pero los resultados de esos muchachos que lograban éxito no eran causa de azar o de una posibilidad de negocios mágica, sino como consecuencia de persistir subiendo cientos y cientos de horas de videos, compitiendo para diferenciarse contra millones de candidatos, perfeccionando día a día la calidad del contenido y el algoritmo, logrando así con un extraordinario esfuerzo y persistencia, llamar la atención de Google y tener recién ahí la posibilidad de monetizar su vocación.

En toda esa etapa previa, estos emprendedores no ven ni una moneda, porque se paga el derecho de piso haciéndolo gratis, y mientras tanto alguien (normalmente alguno de los padres), subsidia el emprendimiento.

O sea, se trata un trabajo como cualquier otro, que exige producción, calidad y un buen precio de oferta. Y si no es tu verdadera pasión, probablemente lo dejes o lo hagas con calidad mediocre.

Estar en un empleo, es bastante cómodo en muchos aspectos. Las horas de trabajo están estipuladas de antemano, la calidad está sujeta al nivel de exigencia de quien nos supervisa y el sueldo asegurado por ley. La única condición es renunciar a lo que quizás sean nuestros sueños y propósitos verdaderos, a cambio de obtener una supuesta seguridad y previsibilidad, trabajando para el sueño y propósito de otro, de un emprendedor que se animó. Hay un gran precio que se paga en ambos casos. El emprendedor corre el riesgo, crea el camino, paga piloteando en el vértigo diario y con muchas más horas de trabajo.

Otra situación que he observado en este tiempo es la gran cantidad de coaches certificados. Cuando decidí dedicarme a esta profesión, me molestó un poco ver la cantidad de "competidores" que tendría. En mi mentalidad de escasez pensaba que quizás no habría la cantidad suficiente de clientes para todos.

Luego comprobé lo contrario, que no había los suficientes coaches necesarios para mi gusto, porque yo mismo empecé a buscar uno para mí, y no lo conseguía. Cuando contactaba a los coaches que tenía registrados entre mis contactos como egresados de la misma escuela en la que yo me había certificado, estos me dijeron que todavía no se habían animado a vender sesiones.

Cuando tuve entrevistas con egresados de otras escuelas, estos no me inspiraban la suficiente confianza como para abrirme en un proceso tan profundo de apertura de conciencia, como lo es una sesión privada de esta profesión, porque la confianza y el rapport son requisitos fundamentales para que haya resultados.

O sea, coaches, con el certificado de coaches, sí había un montón, pero a la hora de ejercer, poner en práctica y principalmente ofrecer el servicio y venderlo, no había nadie dispuesto. Entonces, emprender no es un juego de niños. Requiere el mejor más excelente de cada persona. Otro modelo de súper emprendedor en mi tiempo es Lionel Messi. Un modelo que inspira a muchos chicos para querer lograr ser un futbolista millonario y famoso. Uno de esos chicos a los que hacía fantasear era a mi hijo.

Miles de ellos con la camiseta y el resto del equipamiento que imitaba al de su ídolo, con los colores del club Barcelona y de la selección Argentina, como si fuera el truco para alcanzar sus resultados, pero no sé qué tan dispuestos a pagar el duro precio de su trabajo.

Rutinas durísimas de entrenamientos para deportistas de elite, puliendo y perfeccionando el talento natural, nutrición especial, teniendo que comer y beber lo que exige su dieta especial, horarios estrictos, o sea no poder irse a dormir a la hora que sea y hasta la hora que deseara, competir a veces aún con dolores musculares, contracturas, nervios, preocupaciones personales y pasando mucho tiempo lejos de la familia. Además de lo que yo considero el factor más importante: una mentalidad persistente contra las adversidades y las críticas, lo suficientemente fuerte para buscar la victoria luego de grandes pérdidas y derrotas. Precios que no paga cualquiera, y por eso semejantes recompensas en dinero y fama.

Emprender es liderar, ni más ni menos. Y al liderar se establecen no solamente metas, sino también nuevos estándares. Al emprender no alcanza con dar lo mejor de nosotros al público, sino que también es necesario estirarse permanentemente hacia una excelencia superior. Al llegar hacia nuevos niveles, se lidera a otros para elevarlos. Y esto se comienza desde un espíritu alienado a un espíritu mayor, creativo y con propósito.

Antes de pasarme de empleado a emprendedor independiente verificaría si mi negocio y mentalidad están listos para lanzarme, en primer lugar obteniendo ingresos constantes similares a mi sueldo durante por lo menos un año. Y tener por lo tanto, además ahorrado mi sueldo limpio para poder amortiguar la transición hacia la vida libre.

Ser diligente

La situación era dramática por donde se la mire. El país estaba en un estado de caos socio-económico al borde de la anarquía. La empresa hizo los ajustes necesarios en cuanto a recortar gastos y empleados, y aun así no estaba segura de sobrevivir. A pesar de haber comenzado como una PYME y estar facturando en ese momento como una gran empresa, tambaleaba, en una época, la de principios de la década del 2.000, en la que los negocios se parecían a la escena final de Rocky II, en la que los luchadores habían caído al mismo tiempo noqueados y el que se levantara primero ganaría. Así estaban las empresas.

El directorio decidió hacer una convocatoria de acreedores, reestructurar sus pasivos, que suele ser un paso previo, si se fracasa, a la quiebra definitiva.
Los proveedores y bancos no se la vieron venir. Sabían que nuestra empresa era viable, porque conocían los balances, ya que los revisaban periódicamente para renovar los créditos.
También veían que como iban desapareciendo los competidores, a pesar de estar en un mercado en recesión, absorbíamos a esos nuevos clientes que quedaban sin atender, entonces nuestras ventas aumentaban.
La forma en que comunicaríamos la decisión sería como arrancar una venda adhesiva de la piel de un solo tirón. Se decidió convocar a los acreedores en un hotel céntrico en la capital, para que los propios dueños les digan cara a cara, de manera directa y verbal la decisión y puedan evacuar sus dudas (y enojos) ahí mismo si lo quisieran, restringiendo la posibilidad de que circulen suposiciones y rumores falsos.
Entre esos acreedores había grandes dominantes del mercado y también pequeños fabricantes, prácticamente artesanos de productos.

El instinto nos empujaba, a los gerentes, a querer huir o a quedarnos aplastados y deprimidos debajo de las sábanas esas mañanas para no enfrentar la tremenda presión de la situación.
Había que balancear las cuestiones entre el resto de los empleados con la incertidumbre laboral, los clientes con la confianza y con los proveedores para mantener el flujo del ingreso de mercadería para poder vender.

Pero alguien decidió enfrentar la situación, el gerente general y uno de los fundadores de la empresa, decidido a pagar el precio que se requiere para liderar una PYME familiar y llevarla a convertirla en grande.
Convocó entonces a todos los representantes y apoderados de las empresas acreedoras en un hotel en la ciudad de Buenos Aires para darles la desagradable noticia.
El planteo fue algo así:

-"Señores, tenemos dos noticias. La primera es que hemos decidido preservar la empresa ante la incertidumbre socio económica, con todos los medios técnicos, financieros y legales que podamos utilizar, así que hemos decidido entrar en un proceso de convocatoria.
La segunda es que nuestras ventas se mantienen en crecimiento y vamos directo a consolidarnos como líderes del mercado en nuestra región, ya que varios competidores han desaparecido y seguirán desapareciendo por no tomar estas medidas de emergencia ante la crisis. Por lo tanto ustedes tendrán en nosotros un magnífico canal de distribución en el presente y aún mejor para el futuro.
Nos necesitamos mutuamente en esto. Si nos ayudan, asegurándonos la provisión de mercadería para poder seguir vendiendo, al final ganaremos todos.
Si nos sueltan la mano y caemos, se termina la posibilidad de un gran negocio y terminará en pérdida para todos."

Según nos contó a la vuelta este gerente general fundador, las reacciones fueron distintas. Algunos se enojaron, no pudieron controlar sus emociones y hasta tuvieron gestos amenazantes, otros entraron en pánico o temor y otros, los más experimentados lo tomaron con calma.
Pero sintió que al final de cuentas, en el fondo confiaban en él. Nunca les había mentido, siempre fue franco y genuino. Y esto era un capital acumulado que necesitaba usarlo en ese momento.
Sé de otras empresas colegas y competidoras que decidieron no enfrentar a tiempo y de esta manera, esperando un cambio benevolente dependiendo de la suerte, entonces terminaron hundiéndose y desapareciendo.
Nosotros decidimos apurarnos para lo que inevitablemente iba a suceder, tocar fondo, fue como una especie de alivio, ya no había nada peor y de ahora en adelante todo sería cuestión de rebotar y subir nomás.
De a poco la situación se fue normalizando, se pudo sacar adelante la empresa, se pudieron honrar las deudas, y más adelante hasta se reincorporaron algunos empleados.

La grandeza de un emprendedor PYME se mide por el tamaño de su corazón más que por su inteligencia. Especialmente cuando abre caminos para su equipo en los terrenos y tiempos difíciles. Si el emprendedor PYME cae, se cae todo su equipo.
Las condiciones del carácter de un emprendedor PYME deben incluir una condición personal sana; una fuerte identidad empresaria; disciplina personal y en los negocios; motivaciones honestas; humildad para pedir ayuda y para dar este servicio a los demás integrantes de la empresa; una buena reputación social; principios y sensibilidad con la gente.

Algunos puestos ejecutivos que suelen tener sueldos muy elevados, estratégicamente no son vitales para el funcionamiento de la empresa, y suelen ser los últimos en recortarse por una cuestión de amistad y cercanía con los directores. En una situación de riesgo de quiebra se podría empezado por allí para dar una señal clara de austeridad al resto del personal.

Vivir preparado para hacerlo uno mismo

"La imaginación sin experiencia no camina, y la experiencia sin la imaginación tampoco, deben ir juntas, de la mano" me decía Jaime emocionado como un niño me mostraba señalando las mejoras en el sistema de refrigeración con agua para las máquinas. Aunque el ruido era ensordecedor, su voz algo aguda cuando se apasionaba lograba oírse bastante lejos en la planta y hasta las oficinas.
Con gestos enérgicos con las manos reforzaba su idea y re-preguntaba si estaba claro lo que quería comunicar.

Yo quise aportar algo, entonces le propuse que el sistema se construya con un material más resistente y durable, como para que la inversión sea aprovechada también por la generación que lo sucedería en la administración de la empresa, específicamente sus hijos y un hermano mucho menor.
La respuesta me sorprendió, porque casi con fastidio me dijo que no, que a ellos no les importaba la empresa, y que probablemente cuando no él no esté más, la empresa tampoco; por eso había decidido que la inversión sería solamente para mejorar la productividad de la planta por algunos años solamente.
En ese momento me di cuenta que tenía mucha razón, porque aunque el resto de su familia participaba en algunas cuestiones operativas, no demostraban ni el 10% de la inteligencia emocional, energía, pasión y el compromiso de Jaime.

Además observé que a pesar de que tenía una educación formal limitada (sólo había completado el secundario), era un experto absoluto en la conducción de su idea que era esa empresa, parecida en algunas cosas a otras, pero con sus particularidades absolutas, por lo tanto dirigía sincronizadamente como a un ejército a profesionales, supuestamente más preparados, como contadores, ingenieros, arquitectos y técnicos

Me contó que había probado contratando a personas altamente capacitadas en lo académico y con un currículum impresionante, que teorizaban bastante bien con respecto a lo que había que hacer en la fábrica, pero al momento de tomar las decisiones bajo presión se paralizaban o dudaban. Entonces decidió conducir personalmente casi siempre.

Así seguía avanzando día a día, y atrayendo en el camino los recursos y personas necesarias para llevar su PYME a millonaria gran empresa.

Una de las condiciones para liderar eficazmente una PYME es que el emprendedor debe estar parado en una identidad clara y sentirse calificado para su misión. No importa la formación o el origen, sino estar convencido de su visión empresaria.

Es importante conocerse a sí mismo tanto como para estirarse tanto todo lo posible o como para delegar en otros las tareas que requieren habilidades en las que no se es tan fuerte.

No sentirse intimidado por la competencia ni la reacción de los seguidores ante la posibilidad del fracaso. Este es solamente un paso necesario y temporal en la búsqueda de caminos mejorados y perfectibles.

No inquietarse por la aparente falta de capacidades. Todas las personas, si exploran lo suficiente en sí mismas, descubrirán que son, si se dan cuenta, sin límites en lo que pueden llegar a hacer.

No compararse con otros, compararse con uno mismo y medir cuánto crecimiento y cuan mejor es uno mismo hoy con respecto a ayer.

Hay que buscar personas para formarlas pacientemente, invirtiendo tiempo y haciéndoles vivir la experiencia de trabajar por un tiempo en distintas secciones de la empresa. Observar atentamente si se enamoran de la visión para formar un equipo que pueda asegurar la continuidad de ella y su legado.

Enseñar a aprender

Uno de las cosas que considero de los mejores tesoros que me regaló mi padre fue como me enseñó a concebir el trabajo.
Su familia tiene una particularidad. Son 12 hermanos, ninguno fue empleado, todos comerciantes, emprendedores, abogados, ingenieros, odontólogos independientes y hasta un diputado con ambiciones de llegar a gobernador de nuestra provincia.
A la vez, nosotros los hijos y nuestros primos mantenemos ese ADN de querer ser independientes otorgándole un valor mayor a la libertad por sobre la seguridad.
Un poco puede ser por nuestro temperamento algo inquieto y tozudo, pero me doy cuenta que también por algún tipo de influencia de nuestros abuelos.
Yo fui quizás uno de los pocos que recorrió empleos, de manera temporal, más que nada para apalancar financieramente el inicio de mis proyectos experimentales de emprendedor.

Lo que recuerdo es que mi viejo en vez de enseñarnos cosas relacionadas con las cuestiones necesarias para encajar en empleos, siempre nos mostraba sistemas que se podían aplicar a muchas cosas.

Por ejemplo nos decía que si nos queríamos ganar unos pesos extras, lo más sencillo era observar si había algún restaurant en el que los mozos no pudieran estar dando abasto para atender a los comensales, como para ir y ayudar levantando los cubiertos usados de las mesas dando una mano con eso a cambio de una propina.
Porque él mismo lo había hecho y siempre obtuvo trabajo e ingresos de dinero rápidamente en cualquier ciudad o circunstancia.
Probé esa teoría en algunas vacaciones de adolescente, en las que me había quedado corto de plata y no quería volverme antes de tiempo a mi casa y realmente resultaba. No te imaginás la cantidad de trabajo disponible, fácil, agradable y bien pagado que hay en el sector gastronómico en temporadas altas en zonas turísticas.

Otra vez me contó que renunció a cobrar un sueldo fijo como encargado de un buffet de comidas a cambio de que le paguen un porcentaje por la venta de postres. El dueño aceptó el acuerdo porque hasta ese momento los clientes casi no consumían postre, entonces mi papá comenzó a ofrecerlo y con el dinero que ganó terminó de construir su casa y poner su propio restaurant.

Descubrí que los empresarios aman a los que buscan un ingreso en base a comisiones o producción y es mucho más fácil conseguir trabajo en esas condiciones.
Más adelante apliqué el mismo principio como preventista de depósitos distribuidores de alimentos.
Recorría las empresas y les decía que lo único que necesitaba era una lista de precios, con eso iría a los negocios levantando pedidos a cambio de una comisión. Impresionante lo que se gana con ese oficio que paga mejor que a muchas profesiones.

Los viajantes y vendedores mayoristas suelen tener un estilo de vida de reyes en base a las comisiones que obtienen con la sencilla cualidad de visitar clientes y establecer contactos.

Concebir el trabajo de esta manera me permitió disfrutar de una libertad extraordinaria, porque los empleos se volvieron una experiencia de aprendizaje y financiamiento para mis propios emprendimientos y me permitían expresarme siempre desde una verdadera intención de mejora para la empresa en la que trabajaba, nunca por complacencia o para ser políticamente correcto o desde el miedo. Cuando no aprendía o no podía aportar más nada, tomaba la decisión de irme de esa empresa y comenzar algo independiente.

Tuve temporadas buenas y temporadas malas; prosperidad y escasez; entusiasmo y ansiedad, pero no cambiaría esa vida por el conformismo de una supuesta estabilidad laboral.

El punto es que lo que aprendió mi padre, lo vivía, lo aplicaba y no sólo sus hijos lo copiamos, sino también sus empleados, que (los más despiertos), usaron como escuela su experiencia laboral trabajando para él, y salieron así varios discípulos que luego emprendieron negocios y profesiones por su cuenta y fueron exitosos.

Me suelo encontrar con ellos y me recuerdan como les ayudó aplicar lo que aprendieron de mi papá.

La mejor manera de enseñar es practicando lo que se sabe, recorriendo el camino uno mismo. Esto vale más que horas de instrucciones verbales.

Enseñar a pensar como dueño en la forma de administración. No sólo a los gerentes les toca administrar, cada miembro tiene una porción de territorio y recursos que le toca hacerlo con responsabilidad y fidelidad.

Registrar a través de experiencias y dinámicas vividas los

recuerdos de principios y valores que vamos comprobando que funcionan.

Al escribir las experiencias y aprendizajes se vuelven intencionalmente conscientes en uno para poder practicarlos de manera metódica, a través de esquemas, y así poder enseñar mejor a cada equipo que toque liderar.

Conocer a los miembros del equipo

"Lo importante es que sea buena gente. El resto se aprende" me decía C.T. Gerente de un supermercado líder en mi ciudad. Una vez estaba negociando con él la venta de un equipamiento de cámaras de tv para un circuito interno de vigilancia para la cadena local de supermercados más importante de mi ciudad. Esta empresa es considerada como modelo porque lleva varias décadas liderando las ventas, a pesar de estar compitiendo permanentemente contra las cadenas más grandes del mundo y la irrupción de decenas de otros supermercados de los denominados "chinos".

Ambos tipos de competidores presentan como principal arma, los precios agresivamente bajos. En cambio el atributo principal de esta cadena local es el servicio.

Y logran este resultado principalmente por las experiencias que sus empleados nos hacen vivir a los clientes. Realmente, en general son muy amables y logran conectar con las personas. Suelen saber e interesarse por las cosas que a los clientes nos interesan, recordando y retomando las esporádicas conversaciones en las cajas o pasillos sobre la familia, el trabajo o el equipo de fútbol. Nunca se quejan de su empresa, cosa que sí escuché en casi todas las demás.

Venden alimentos de elaboración propia de muy buena calidad, pero además venden productos envasados, que no son tantos en cuanto a variedad, pero aciertan eligiendo las marcas más aceptadas a nivel local.

Nunca escuché, de personas de ninguno de los niveles socioeconómicos con los que hablé de esto, cuestionar la calidad de la atención y el sabor de lo consumido.

Es un supermercado como para clase media, pero aumenta su clientela año tras año, de todos los niveles adquisitivos.

Han logrado superar a la feroz competencia que usa como arma los precios a través de lograr una identificación con la comunidad de la ciudad. Es un caso de éxito que llama la atención especialmente en los demás empresarios, por eso toman como modelo para imitar y aplicar en sus propios emprendimientos.

Casualmente, en esta negociación, me tocó conocer a C.T., la persona que decidía las incorporaciones de empleados, hacía las entrevistas y lograba reclutar a las personas que trabajan y dan este servicio excelente en sus locales. Y de ninguna manera me iba a perder la oportunidad de preguntarle sobre cuál es el secreto, ¿cómo hacían para que los empleados no solamente siempre fueran amables, sino que también parecieran felices con su trabajo, a tal punto que defendían y estaban orgullosos de su marca? Porque a mí también me tocaba reclutar personas, y es como un noviazgo que alcanza su mayor nivel de romance el primer día y de ahí empieza a decaer la relación empleado-empresa. No digo que esto sea siempre así, pero sucedía en muchos casos.

El empleado suele empezar a cada día estar más insatisfecho con su paga, la carga de tareas y el ambiente laboral, y a la vez la empresa no logra explotar todo el potencial que espera para el puesto.

Pero C. T. lograba en su empresa que pareciera que todos estaban contentos. Me dijo:

«Mire, buscamos muy meticulosamente entre muchas personas. Y le prestamos mucha atención a lo que aprendieron en sus familias.
En primer lugar que sean saludables y buenas, porque el talento y la capacidad se pueden aprender, pero los valores son cuestiones muy personales y profundas que rigen tanto el comportamiento público como el oculto.
En segundo lugar, que sean calificadas en el punto adecuado para nuestra empresa.
¿Qué quiere decir esto? Que no estén sobre calificadas en cuanto a sus planes futuros. La persona que se incorpora a nuestra empresa, siempre soñó con ser parte de ella. Admira a las chicas de la caja y a los repositores de mercaderías, con sus uniformes sencillos y característicos y lo que representan. Para algunas familias, es un gran acontecimiento trabajar acá, es como llegar a un cierto nivel de status, se festeja casi como un logro universitario.
Valoramos muchísimo a las personas que tienen planes más ambiciosos, como terminar una carrera o ser empresarios, pero por más talento y capacidad que tengan, si las reclutamos acá, estarán insatisfechas muy pronto, porque considerarían a este trabajo como de paso o temporario, y esa será su actitud en todo. Esa es la clave.»

Sí, totalmente que era así, se nota en el trato y buena la disposición de los empleados. Tenía mucho sentido lo que me estaba enseñando este hombre.

Aprendí de esta charla lo importante que es evaluar en la

selección de colaboradores y asociados la responsabilidad por la propia salud física, emocional y psicológica; y el impacto que esto tiene en el desarrollo de las relaciones.

Saber liderar la iniciativa, dar dirección e interesarse por conocerlos por medio de conversaciones abiertas.

Poder observar qué tipo de influencia ejerce el candidato en cuanto a animar y potenciar el trabajo de los otros.

Estar atento a la integridad, si se lleva una vida honesta pública y privada, con actitud sencilla pero segura, sin ponerse a la defensiva ante una conversación franca; sin tener que avergonzarse del comportamiento cuando nadie observa, indagando sobre vicios o debilidades. ¿Muestra rasgos de un buen carácter interior que transmite paz? ¿Tiene auto disciplina o necesita ser controlado?

Otra cosa que le agregaría sería indagar sutilmente un poco más sobre el aspecto espiritual de la persona. ¿tiene espacio para la reflexión y meditación? ¿es mentoreado por alguien en esta área? ¿qué hace cuando necesita una dosis extra de fuerza y esperanza? Soy convencido que sobre una espiritualidad sana se construye sólidamente una persona.

Liderar en el hogar igual que en el trabajo

Si no funciona en nuestra casa, por lo menos haremos el favor de no esparcirlo en otro lado.

Este es uno de los principios fundamentales que tenemos como consigna con Sonia, mi esposa en nuestra empresa de coaching, que más resultados y reconocimiento nos ha brindado.

Antes, ambos, por separado teníamos como característica que éramos muy entusiastas de aprender cosas y enseñarlas, pero sin vivirlas o aplicarlas.

Leer, asistir a cursos y conferencias es casi una adicción para los dos, nos encanta y nos cuesta dominar el entusiasmo de querer compartir de inmediato lo aprendido, enseñando a otros.

Pero descubrimos que lo que realmente tuvo buena recepción en nuestros clientes y coachees es lo que vivimos como individuos y familia.

Esto le da un peso de integridad y coherencia a lo que impartimos, y se percibe a través del feedback que nos dan en los talleres y conferencias. De todo el material que enseñamos, lo que aprende y se acuerda la gente es lo que vivimos, no lo que teorizamos.

Es tentador querer enseñar cosas sofisticadas que suenan muy bien y son lo último y novedoso, pero nos dimos cuenta que cuando no se las vive en la vida personal, no impactan ni perduran. Es vacío y casi impostor. Preferimos reducir la cantidad y complejidad del contenido, para enfocarnos en algo más simple pero sólido.

Por ejemplo una de nuestras mayores fortalezas es el hecho de poder trabajar juntos y disfrutando, de esta manera demostramos que las herramientas aprendidas de coaching, relaciones y liderazgo funcionan, porque han mejorado en primer lugar la calidad de vida en nuestro hogar y de ahí hacia afuera. Esto le llama la atención a muchos, incluso colegas muy talentosos que se dedican a lo mismo que nosotros pero que no tienen el apoyo y el acompañamiento de sus parejas.

Solemos decir que el amor en la pareja se sostiene y aumenta cuando hay una visión en conjunto, una foto poderosa y apasionante del futuro en la que estén ambos. Sino tarde o temprano, cada uno irá tras sus propios sueños en caminos separados, o uno de los dos renunciará al suyo propio para cumplir el sueño del otro. Esto tiene el precio de la insatisfacción, la falta de realización personal y el renunciar a un propósito.

Unos de nuestros mayores éxitos comerciales fue el de lograr adelgazar y luego ayudar a otros a lograrlo. Resulta que luego del embarazo de nuestra hija Jana, ella quedó con un sobrepeso de más de 10 kilos, y yo ya padecía desde antes de obesidad, con 17 kilos demás, a pesar de llevar una vida de sacrificio en cuanto a hacer mucha actividad física, pasar hambre y bajar un par de kilos que los volvía a recuperar al poco tiempo.

Estábamos frustrados, cada uno a su manera y casi en silencio. Una de las señales de insatisfacción es que no queríamos salir tanto en las fotos o teníamos terror de la notificación de Facebook "has sido etiquetado en una publicación". Suele pasar que el que las publica presta atención solamente a las que él o ella salen bien, pero no a cómo pudieran salir los otros.

De alguna manera nos resignamos y nos pusimos en víctimas de la circunstancia, porque luego descubrimos que uno de nuestros pensamientos ocultos era que no podíamos mejorar nuestra condición física porque los hábitos del otro no acompañaban. Si ella seguía comiendo pizza yo no podría lograr mantener disciplina nunca, y si yo seguía consumiendo helados ella no podría ejercitar nunca su fuerza de voluntad.

Entonces tomé la iniciativa y un día hablamos seriamente del asunto, sobre el precio que estábamos pagando y qué estábamos dispuestos a hacer para vivir mejor. Decidimos comprometernos en ser coherentes, porque no daba pretender liderar a otros a que vivan con calidad y mejora continua sin empezar por nuestro propio autoliderazgo.

Nos coacheamos, establecimos un plan de hábitos de éxito en cuanto a la alimentación y vencimos, logrando nuestro peso deseado. Fue maravilloso como pudimos ayudar a muchas más personas a partir de nuestros efectos positivos visibles y vividos. También al mismo tiempo nos llamaba la atención cuanta gente hay enseñado cuestiones de salud y bienestar físico y emocional, pero que no practica sus ideas ni muestra resultados.

Eso confirmó nuestro rumbo, nunca enseñaríamos cosas que no practicáramos en nosotros mismos y en nuestro hogar. La verdad, la integridad y la coherencia tienen peso y valor también en los negocios.

Aprendimos de esto a iniciar las tareas de mejoras en vez de culpar y tomar represalias cuando las cosas no salen como se quiere.
Logramos asumir la responsabilidad en las relaciones primarias, que son en el hogar, para poder reproducir sanamente afuera.
Pudimos tomar la iniciativa y dar el ejemplo poniendo acción en lo que otros quiero que hagan.
De ahí en adelante pactamos no dejar pasar tanto tiempo con pensamientos auto infligidos de víctima impotente de una situación. En cambio hacernos más preguntas sobre qué queremos lograr, pensar en planes concretos para obtenerlo.

Buscar carácter en vez de fama

Lo antes posible hay que darse cuenta que el crecimiento para alcanzar el éxito es cuesta arriba, y que en esta montaña de la vida nunca en realidad llegaremos a la cumbre. A veces queremos marearnos por alcanzar algunas alturas nomás. Pero hay que mantener un desarrollo personal constante y humilde.

En otro de los roles que más aprendí, fue encargándome de gestionar las compras de mi sección, a la vez que tenía que diseñar la mejor estrategia para vender la mercadería lo más rápidamente y con el mejor margen posible. O sea, si no se podía vender algo, la responsabilidad era solo mía, porque yo había elegido esa compra.

Obtenía así buenas ideas de mis proveedores todo el tiempo y a veces había que estar atento a la tremenda astucia de oportunistas. Hay dos tipos de proveedores. Por un lado están los que te ofrecen productos de lo que es su negocio verdadero, o sea, que tienen una permanencia en el mercado, un prestigio ganado y un proyecto a futuro. Con este tipo de empresa se pueden establecer estrategias de confianza, ya que son más cuidadosas tratando de ofrecer productos de calidad, responden mejor a las garantías y están dispuestas a otorgar plazos más extendidos en los pagos. Hay cierta previsibilidad y trazabilidad en la relación comercial. Se pueden planificar estrategias de largo plazo en conjunto.

Y luego están los que son más bien oportunistas, tienen un capital o acceden a algún tipo de financiación especial y le sacan el mayor jugo posible a algún negocio potable durante algún tiempo. Este es el caso de Víctor, un hábil comerciante al que contacté luego de que me llegara su atractiva tarjeta de negocios con un catálogo bien llamativo, con logotipos de marcas reconocidas de equipos de telecomunicaciones, con precios mucho más bajos que otros mayoristas e importadores.

La primera vez que llamé para hacer un pedido, la voz Inés, su secretaria era espectacular, entre seductora y profesional, con la pronunciación correcta de palabras, además amable, memoriosa en cuanto a los nombres, los cumpleaños y algunos otros detalles. Me derivó con Víctor, que me dijo que era el presidente de la empresa pero que se encargaría personalmente de atenderme porque estaba queriendo apuntalar a un representante fuerte en nuestra zona.

La voz grave y aplomada de Víctor en el teléfono también me transmitía una imagen mental corporativa y profesional. De fondo se escuchaba como que trabajaban algunas otras personas.

La dirección de su empresa era bien céntrica en la ciudad de Buenos Aires, en la zona de bancos, financieras y empresas tecnológicas; yo conocía esos barrios porque visitaba regularmente a otros proveedores que tenían sus modernos edificios allí.

El primer pedido me llamó la atención por el envoltorio de los productos, eran distintos a como venían desde los otros proveedores de la misma marca. Estos estaban como en cajas de cartón reciclado y los manuales no originales fotocopiados. Los productos estaban en buenas condiciones y funcionaban bien, pero no tenían ese olor a nuevo característico de algo que se está estrenando.

Pero todo eso quedó en el olvido cuando al momento de ofrecerlo y exhibirlo se vendían rápidamente, con muy buenos precios y márgenes. Entonces yo no cuestionaba nada y repetía los pedidos, cada vez más grandes y a veces casi rogándole para que me venda.

La trama irregular comenzó cuando empezaron a fallar algunos productos y quise hacer correr o activar el servicio de la garantía. Aunque el porcentaje de fallas no era elevado o alarmante, entramos en una especie de bicicleta, porque como la distancia desde mi ciudad hasta Buenos Aires, por el costo del flete no justificaba enviar de a uno los productos para su reparación o recambio, acordamos entonces esperar a acumular determinada cantidad de bultos para recién ahí despachar.

Entonces pasaban varios meses, el recambio tecnológico es velocísimo, y la mercadería quedaba obsoleta. Incluso a veces volvía a nosotros después de haber transcurrido unos meses y con la misma falla.

El supuesto servicio técnico de la empresa de Víctor se encargaba del asunto y lo revisaba.

Si en ese lapso teníamos que hacer esperar a nuestros clientes, estos en su furia o impaciencia nos complicarían mucho con sus reclamos en el local, así que decidimos adoptar como política comercial cambiar la mercadería fallada por otra nueva. Entonces mientras tanto se iban acumulando los productos para ser enviados recién cuando el volumen de la paquetería justifique en costos, hacer un envío por un servicio de flete y transporte.

Yo tenía por costumbre visitar para conocer las instalaciones de los proveedores. Aprendía como de ninguna otra manera sobre el negocio que ellos dominaban y me permitía expandir mi visión y aplicar las ideas que me traía.

Les solía avisar que en determinada semana iba andar por su ciudad y que en algún momento pasaría a tomar un café. Ellos accedían con gusto, me atendían de primera y me sugerían un montón de cosas constructivas.

Pero Víctor me esquivaba. Me decía que me iba avisar, que seguramente estaría visitando algún cliente, y todo eso.

Así que le caí por sorpresa. Su empresa no tenía un edificio, no tenía un piso, era un local en una galería. Toda su estructura visible era él y su secretaria Inés.

El aspecto físico que esperaba de Víctor, por su voz grave y dicción, era la de un ejecutivo sofisticado, elegante y robusto. Pero me encontré con un joven bien parecido, pero con un look tipo rockero de los 60 con campera, pantalón y botas de cuero.

Inés parecía una especie de hippie.

Me sorprendió la escena, y noté que Víctor no estaba nada cómodo con mi llegada. Fue amable pero cortante.

Seguimos haciendo negocios igual más adelante, con bastante regularidad.

Pero hubo un quiebre, en un momento el gobierno dispuso un cambio monetario en la relación del valor de dólar con nuestra moneda local, el peso, y entonces dejó de ser un negocio tan rentable la importación de productos de electrónica para la venta en nuestro país.

Casi de un día para el otro, algunos proveedores dejaron de contestar las llamadas o nos atendía sólo el chirrido ensordecedor de un fax. Mi desesperación era porque tenía acumulada un montón de mercadería de mayoristas importadores, esperando tener una resolución con respecto a las garantías.

La situación de la unidad de negocios de computación era peor, porque por la rápida evolución tecnológica, un componente a los seis meses ya era obsoleto e invendible.

¿Qué pasó? Muchos mayoristas cerraron, nunca más supimos nada de ellos. Yo lo rastreé a Víctor, por medio de su número de contribuyente impositivo, y descubrí que en pocas horas había dejado de comercializar electrónica y ahora se dedicaba a la comercialización de granos y la administración de campos.

Nunca pude hacer validar las garantías ni cambiar los productos. Cuando se calculó el valor de la mercadería que habría que mandar a pérdida, ésta equivalía a la supuesta rentabilidad de 1 año de trabajo. Un verdadero desastre y una vergüenza con aprendizaje.

Entendí el gran valor que tiene un socio-proveedor con permanencia de varios años en el mercado y que cuida su prestigio.

Todo tiene un costo, y que hay que desconfiar de lo que viene muy barato y fácil. En algún momento el más dormido puede terminar pagando. Quien no ve los costos ocultos de su negocio, tiene márgenes ficticios y cuando sale a la luz ya suele ser una grieta muy grande en su estructura, muy difícil de remendar.

Hay que darse tiempo para la reflexión e intentar ver un panorama lo más amplio posible en el negocio. Tratar de que el día a día y el querer hacer de todo no restrinjan la amplitud de la mente y la profundidad de perspectiva.

Preguntarse qué es lo que mejor hacemos y con quiénes, y aplicar la regla de Pareto trabajando el 80% del tiempo y recursos a hacerlo mejor; y el otro 20% en lo que hay que mejorar, debilidades para descubrir y fortalecer para el momento de la exigencia.

Se debe trabajar más fuerte en mi nicho de clientes. No ser tan complaciente intentando sólo dar el precio más barato a los clientes, ni inflar tanto el ego llevando el cuadrito de resultados con grandes volúmenes de facturación a mis superiores. El margen real de ganancia, luego de todo gasto oculto sacado a la luz, es lo más importante para un negocio sano.

Siempre buscar formar más líderes para poder delegar tareas y alentarlos a que lo hagan con más excelencia que yo. Conectar lo más que pueda con las personas, sean socios, proveedores, colaboradores o clientes; lo más importante es conocer las intenciones y verificar si están en armonía nuestros propósitos.

Aprovechar la diversidad

En la empresa de ventas de electrodomésticos y equipos de tecnología en la que trabajé varios años, el gerente que supervisó una etapa en la sucursal tenía como criterio, llamativo al menos para mí, hacer que los vendedores que habían alcanzado su cuota-objetivo antes de que finalizara el mes, hagan tareas en otras áreas que no sean de venta.

Su propósito era ayudar a los que venían más atrasados, para que no tuvieran que competir entre sí y puedan alcanzar los números mínimos que les exigía la empresa para así poder cobrar la parte de la comisión que estaba estipulada para ello.

Algunos colegas más competitivos veían esto como una injusticia, porque castigaba al que más se esforzaba en vender y llegar rápidamente al objetivo, pero para mí, que siempre fui un curioso observador de las claves y secretos de las empresas exitosas, resultaba una experiencia bastante divertida.

Esas secciones alternas a las que nos podían derivar, solían ser muy criticadas por los vendedores, que solemos estar convencidos de que somos el "motor perfecto que hace funcionar a toda empresa".
Montados en nuestra propia carga de arrogancia, creíamos que el éxito de la compañía era gracias a nuestra pulcritud, carisma, simpatía, inteligencia, habilidad, esfuerzo y magia; los demás sectores debían limitarse a hacer su trabajo sin arruinar nuestro refinado arte de enlazar relaciones con los clientes.
Pero, como en casi todas las cosas, en la teoría somos todos expertos pero en la práctica los barcos construidos con papel se deshacen y se hunden.

De colaborar con los del personal de maestranza aprendí el tremendo esfuerzo que requiere presentar un local limpio y ordenado. Ellos lo hacen todo el tiempo durante la atención al público, lavando y lustrando los pisos, recogiendo embalajes, papeles, folletos, anotaciones, restos de café, yerba, polvillo y la pelusa que se junta en las ventilaciones de las computadoras.
Luego se quedan al cerrar el local preparándolo para el otro día. Y antes de que los vendedores lleguemos, al comenzar la jornada, ya están para reacomodar las estanterías en los depósitos agobiantemente calurosos en el verano por falta de aire acondicionado o a veces con algún ventilador que más que refrescar funciona como un dragón que sopla bocanadas de aliento caliente; o tiritando en el invierno por la ausencia de estufas.
Reponiendo mercadería, identificándola de acuerdo al criterio de stock, colocándole códigos para facilitar la venta y facturación de los vendedores.

También la inmensa responsabilidad de custodiar el stock de los robos, extravíos, equivocaciones o roturas.
¿Se requiere inteligencia y creatividad la tarea? Por supuesto que sí! Para diseñar las mejores rutinas posibles para poder cumplir en tiempo y forma el trabajo. También agudeza intuitiva para anticipar si la jornada va a ser normal o podrían llegar a haber complicaciones.
En definitiva era imposible que yo pudiera hacer este trabajo con ganas, y calidad todos los días. Estaba siempre corriendo muchas veces detrás de los problemas y pocas veces anticipándolos. Terminaba, casi estorbando más que ayudando, exhausto, polvoriento, con mi ropa manchada, dejando pasar un montón de detalles y con mi ego sintiendo que no había aportado algo a la empresa por lo que pudiera ser reconocido o premiado con algún dinero extra.

De intentar colaborar con los choferes y auxiliares en el equipo de reparto de mercaderías aprendí lo que es correr una carrera de obstáculos, que parece imposible ganar, contra reloj de 8 o 10 horas, intensísimas en las calles.
Algunas de las tareas que tienen que resolver estos campeones en sus jornadas:
Entender la letra y un supuesto mapa o croquis que hacemos los vendedores en el remito para poder "guiarlos" hasta el domicilio del cliente. Estos croquis suelen incluir callejones desconocidos, pasillos en villas, subsuelos, entre pisos, desvíos, referencias dudosas como postes, carteles o negocios en los barrios.
Encontrar la mercadería en el depósito, sacarla, casi siempre a mano, en el hombro, acomodarla en el camión sin golpearla. A veces no es sencillo porque lo que buscamos se encuentra debajo de 4 heladeras o de un par de pallets con cocinas y lavarropas. La estiba en el camión debe ser muy inteligente, como jugar un tetris del mundo real, para que la hoja de ruta para el viaje de la jornada, sea eficiente; aprovechando cada centímetro cúbico y

balanceando el peso para evitar riesgo de vuelco o daño de los productos.

Conducir veloz por las calles para llegar a tiempo, sincronizando el mejor recorrido posible en términos de uso del tiempo y consumo de combustible, con el rango de horario disponible para la espera del cliente en su casa (a veces este pide permiso un par de horas en su trabajo para ello).
Mantener el carácter templado mientras se circula por una ciudad histérica en la que también van colectivos de pasajeros, taxis, transportes escolares, otros fletes, motos, bicicletas y particulares que van consumiendo dosis elevadas de palabras tóxicas, negativas y catastróficas que salen de sus radios favoritas. Mezclamos este cóctel en verano, con temperaturas rondando los 45 grados ya desde las 9 de la mañana, en fechas cercanas a las fiestas de navidad y año nuevo, y resulta un milagro llegar sin raspones al finalizar la jornada.

Llegar al domicilio del cliente y contener su fastidio y ansiedad, porque las horas que transcurren desde el momento en que paga por su producto y llega a sus manos le parecen siglos. Encontrar donde poder estacionar para hacer la descarga, que no sea a varias cuadras para no tener que hacer a pie tanto trayecto, y muchas veces, más de las que yo podía soportar en mis fuerzas y paciencia, tener que subir heladeras, lavarropas o máquinas de ejercicios por escaleras en edificios sin ascensor, o que no tengan el tamaño como para que quepa la compra.
No sabés lo que es vivir la experiencia de subir cinco pisos, sosteniendo entre dos personas un freezer, en una escalera caracol.
Algunas veces el producto no pasa por la puerta y hay que subirlo con sogas hasta una ventana.

Una vez entregado, te suelen pedir que lo armes, lo conectes y les enseñes a operarlo. Mientras tanto hay otros clientes esperando y presionando, llamando al gerente para que apure el circuito.
Y hay que hacerlo todo, en el día, aunque la jornada para los transportistas se suele extender hasta las diez de la noche.
Es una tarea intensa y esforzada. Mis respetos a los que trabajan en ese sector.

Otra función en la empresa que no suele ser bien valorada es la caja y tesorería. Uno los suele ver aparentemente bien tranquilos, tomándose unos mates o cafés pero la realidad contiene otras cosas.
Allí hay que aprender a estar muy concentrado, porque un descuido en el manejo del dinero o un cambio mal dado es catastrófico y se paga con el propio sueldo.
Hay ser muy cuidadosos en verificar la autenticidad de los billetes, uno por uno; su estado y que no estén muy rotos o decolorados.
Rogar todos los días, y todo el tiempo que no "se cuelgue el sistema" porque demora y fastidia a toda la cola de compradores apurados.
Suele volverse a veces una sección de alta tensión. A muchos de nosotros nos emociona comprar, llevarse un producto en el momento, en cuotas, pero a pocos nos gusta tener que acercarse durante 24 meses a pagar, con abultadas tasas de interés de financieras, ese chiche que ya lo usamos y probablemente ya sea obsoleto, o quizás esté roto o incluso extraviado.
Esa tensión en el sector de caja, aumenta unos grados más cuando el cliente ha sido convocado insistentemente por llamadas telefónicas directas o a los domicilios de sus familiares referentes, o por cartas documentos, debido a su "olvido" o retraso.
El personal de caja debe aumentar su concentración en el momento que más fatigado se encuentra, al final de las diez horas de la jornada laboral, cuando se hace el cierre de la caja, donde el

conteo físico de efectivo, cheques y cupones de tarjetas de crédito, debe coincidir al centavo con lo que dice el sistema.

Por cuestiones de seguridad, la política de la empresa estipula que todo el personal permanezca en el local, hasta que se cierre exitosamente este proceso, por lo tanto, la mirada inquisidora de todos los que nos queremos ir a nuestras casas a cenar o a ver un partido, está posada sobre los cajeros.

Con respecto a los empleados administrativos y de cuentas corrientes, esos oficinistas que "se la pasan cómodamente sentados, en sus pulcras oficinas", mientras los vendedores estoicos tiramos y empujamos el tren de la empresa. Cuando me tocaba colaborar en ese sector, me daba cuenta que el orden y a pulcritud no suceden solos, sino que hay que ser intencional y metódico en ese trabajo; y yo no lo lograba; el escritorio que me asignaban se convertía en una especie de zona demolida con montañas de papeles, anotaciones, abrochadoras, clips, perforadoras, carpetas, marcadores, cargadores de celulares, calculadora, comida y bebida.

Aprendí también que no es tarea fácil poder interpretar los racimos de papeles que les vamos dejando para respaldar los legajos de los clientes.

Tienen el don aumentado de los farmacéuticos, de interpretar no sólo las letras ininteligibles de los formularios completados o incompletos, sino también lo que dicen las fotocopias de escaso tóner, de documentos de identidad que han pasado por el lavarropas varias veces y certificaciones de domicilio de lo más extrañas. Con todo eso se las tienen que arreglar para armar una especie de rompecabezas coherente, encarpetar y enviar a la administración central como respaldo legal para asegurar la cobranza.

Admiro su paciencia para llamar una y otra vez a clientes que están atrasados en sus cuotas, para que vengan a pagar, recibiendo todo tipo de respuestas. Desde los muy amables y agradecidos por

el servicio recordatorio, pasando por los que simulan sorpresa, confusión y estupefacción, hasta llegar a los indignados, enojosos y amenazantes.
Ha pasado más veces de lo que uno pueda imaginar que atendía la esposa del comprador, y ésta recién en ese momento se estaba enterando de la compra.
Los admiro por hacer este trabajo todos los días, con paciencia y constancia, respondiendo con serenidad y sin tomárselo de manera personal.

De los guardias de seguridad admiro la fortaleza para mantener la atención, la sonrisa y el buen ánimo. También cómo transmiten una autoridad que aprecia y respeta a las personas.
Quizás ayudados por las insignias y el uniforme, a pesar que no portan armas, su sola presencia pone cierta sensación de resguardo en los empleados. La mayoría de los que conocí me hacen acordar a los perros de la raza boxer, que transmiten algo así como ferocidad-ternura.
Demuestran que se puede ser estricto con el control, el cumplimiento de las normas, la vigilancia de los productos exhibidos, la revisión de bolsos y bultos, sin dejar de ser amistoso.
A pesar de no ser empleados directos de nuestra empresa, sino de una que se dedica especialmente a ello, logramos un vínculo tan estrecho como con cualquier compañero.
Soportan con dignidad las bromas pesadas y las cargadas de los vendedores.

Del trabajo del gerente aprendí que le toca el ejercicio más exigente, que es el trabajo mental y emocional. Nunca se desconecta de la empresa, está pegado las 24 horas a ella. Es el primero en llegar y el último en irse. Custodia las claves de las alarmas de seguridad, guía y supervisa todas las operaciones y debe resolver con el criterio adecuado lo que no está explícito en los manuales y puede ser urgente.

Es el máximo responsable en los roles de evacuación de incendios y casos de accidentes.

También está pendiente de lo más importante, que es la integridad física de los empleados y los clientes, especialmente cuando algunos de estos vienen al local frustrados con la situación de alguna compra.

Debe manejar con pericia la tensión para mantener productiva a la tropa sin llegar a romper relaciones, porque el estado de ánimo de la sucursal se refleja automáticamente en los volúmenes de venta y orden.

No es dueño o directivo, tampoco es considerado parte del plantel regular de empleados, le toca mediar y comunicar ambos sectores.

Es como que queda solo y me parece que los privilegios no compensan las obligaciones y responsabilidades que tiene.

Suele quedarse afuera de las reuniones sociales o de esparcimiento, partidos de fútbol y asados. No pertenece a la casta del directorio y los empleados no confían del todo en él. Sienten que no pueden actuar o hablar libremente cuando el gerente está presente.

Se queda situado en el medio de un terreno que no tiene una posición bien definida pero que tampoco es neutral.

Se suelen escuchar los dichos de que el fruto no suele caer muy lejos del árbol, o que no hay prenda que no se parezca a su dueño; o de manera más moderna que por la ley de atracciones atraemos lo que somos. Y suele ser cierto, las personas se van rodeando de personas que se le parecen bastante, al menos en algunos aspectos.

Pero en esta empresa, los directivos promovían la diversidad de manera consciente, creo, en la conformación del staff.

Cuando uno pasaba por los locales de las empresas competidoras, podía ver que sus vendedores y cajeros parecían ejecutivos bien cool, jóvenes y elegantes. Y sus clientes eran de ese estilo en general, nosotros observábamos atentos el movimiento.

Pero en nuestro caso, éramos diversos. Además de los roles, en el plantel había sí, un par de jóvenes cool y elegantes, pero además había un par de varones mayores de 40, señoras que parecían más bien maestras de primaria, jovencitos recién egresados del secundario, otros tímidos, extrovertidos, prolijos, desprolijos, altos, bajos, robustos, delgados, de variados colores de piel, masculinidad y femineidad.

No sé si era una estrategia intencional, pero lograba el resultado de que tengamos una cartera de clientes bien variada.

Durante las fracciones de segundo que transcurre entre el momento que el cliente pisa el local por primera vez, éste toma la decisión subconsciente de elegir ser atendido por personas de características similares en cuanto a aspecto y actitud.

En nuestra empresa si los negocios marchaban bien, la relación solía mantenerse fiel, a tal punto que el cliente prefería esperar a ser atendido o volver más tarde para operar con "su" vendedor si es que este no estaba disponible atendiendo a otra persona.

Por eso, los líderes de empresas que celebran la diversidad, obtienen más. Esto se confirma con el boom que estamos viviendo en estas épocas con los excelentes resultados que están teniendo las organizaciones con políticas inclusivas implementadas.

He aprendido que los equipos deben compartir una meta en común, pero no los mismos talentos y capacidades.

La empresa madura cuando el liderazgo insiste con la diversidad y se celebran los éxitos que se obtienen juntos.

Que los individuos talentosos logran sus propias metas de acuerdo a sus capacidades, pero los equipos logran materializar algo más grande que es la visión de la empresa.

Tengo a partir de estas experiencias una actitud más humilde, respetuosa y de gratitud, con respecto al trabajo de los demás, especialmente hacia aquellos que cumplen funciones anónimas.

4
¿Cómo aprender a crecer?

Existen dos herramientas en la actualidad que ningún líder de PYME que desee ser competitivo y quiera hacer crecer su empresa debe dejar de experimentar.

Mi esposa Sonia y yo somos profesionales certificados y cada día estamos más entusiasmados por los resultados que logran nuestros clientes. Verdaderos avances en sus capacidades y potencialidades. Al ser líderes los que lo experimentan, su impacto se expande y multiplica de inmediato

Coaching individual

Consiste en trabajar en sesiones privadas con un coach profesional en un proceso creativo y estimulante, que sirva de inspiración para maximizar el potencial personal y profesional del líder.

Se establece una relación en la cual se sientan las bases en normas éticas y estándares de la ICF (International Coach Federation) y se comunica con claridad las diferencias con otras profesiones afines como la consultoría o la psicoterapia.

En este proceso es condición fundamental crear confianza en intimidad entre cliente y coach, en un ambiente seguro y de respeto mutuo. El coach presta apoyo permanente y promueve nuevos comportamientos y acciones, incluidos los que conllevan riesgos y miedo al fracaso. Pide permiso para explorar en áreas nuevas y sensibles.

En un proceso de coaching se sigue la agenda del cliente y se respetan sus prioridades, se escuchan sus preocupaciones, objetivos, valores y creencias, con relación a lo que piensa que es y no es posible.

El coach hace preguntas abiertas que crean mayor claridad, posibilidades o nuevos aprendizajes. También permiten al cliente avanzar hacia su objetivo, en lugar de pedirle que se justifique o mire hacia atrás.

El coaching es en la actualidad la más potente experiencia de facilitación de aprendizajes, resultados, creación de conciencia, diseño de acciones, planificación y definición de objetivos, gestión de progreso y responsabilidad.

Grupos mastermind

¿Qué es una Mastermind o Grupo de Mentes Maestras?

Es es un estudio profesional y profundo generalmente de 8 jornadas que te da la oportunidad de unir fuerzas y expresar tu opinión con un grupo único de líderes motivados y con pensamientos similares, quienes están enfocados en crecer en cada una de las áreas de sus vidas, con el fin de elevarse al siguiente nivel.

Las reuniones son confidenciales, se llevan a cabo en un ambiente profesional y con el respeto profesional debido para cada participante, así como el completo respeto del tiempo de cada participante.

Contar con el apoyo y las ideas de otras personas que también están enfocadas y motivadas, nos permite ver las cosas en forma diferente así como obtener una nueva perspectiva de nuestras metas y planes de acción.

Juntos, aprendemos cómo incrementar nuestro liderazgo al entender e implementar los principios que funcionan.

Los requisitos para participar son mantener una buena actitud, ser un entusiasta del crecimiento, del desarrollo personal y de equipos.
Como es un estudio profundo con herramientas de coaching los grupos son reducidos, de 6/8 personas.
Se entrega en el proceso el libro completo digital que se utiliza como estructura, un cuadernillo impreso de trabajo y un diploma oficial de asistencia.

Testimonios

"De todo corazón recomiendo estas mastermind a quienes estén en la búsqueda de expandir sus propios límites" (Norma M. Empresaria y coach)

"Esta experiencia me proporcionó un método para llevar a cabo el desarrollo personal para el resto de mi vida. Ahora deseo

transmitirlo ayudando a otras personas a descubrir su potencial y lograr sus sueños" (Maria L.P. funcionaria)

"Ahora puedo crear un nuevo entorno para la reflexión y el autodesarrollo" (Damián S. comerciante de servicios informáticos)

"Hasta ahora me sentía insatisfecha porque no estaba creciendo en lo que me apasionaba. No había descubierto mis fortalezas. En este entrenamiento pude empezar a hacerlo (Romina R. Empresaria)

"Califico esta experiencia con un 10 porque reúne tres factores importantes: actitud, potencial y autoconocimiento. Por eso esta experiencia fue excelente" (Daniel L. Community Manager)

"Esta fue una experiencia enriquecedora, una gran oportunidad para regalarme a mí misma una inversión invalorable. Entendí que el desarrollo personal es el fundamento para la vida que quiero construir" (Melody F. Vocal coach)

"Este grupo me motivo a hacer! No sólo pensar, sino también poner mis herramientas en acción" (Carmen G. ejecutiva en el sector bancario)

"Esta experiencia me llevó a re enfocarme, haciendo los ajustes necesarios, entendiendo que mi crecimiento no tiene límites. Lo

*que aprendí acá lo puedo aplicar en todas las áreas de mi vida"
(Paola F. docente universitaria en carreras de marketing)*

"Me impactó aprender que es posible disfrutar el camino hacia tus metas y sueños" (Sebastián L. empresario de seguros)

"Una experiencia súper positiva, productiva y llena de apendizajes" (Nadia M. empresaria del sector de las telecomunicaciones)

"Me conocí a mí misma y pude determinar el rumbo para mis propósitos" (Carolina H. contadora)

"Se despertaron nuevos desafíos a los que decido ponerle intencionalidad, amor y alas de imaginación para poder volar bien alto" (Teresa C. ejecutiva en el sector energético)

"Descubrí cuál era en realidad mi sueño y cuáles son los cambios que quiero hacer en mí para ser mejor" (Rosana C. ejecutiva del sector bancario)

"Súper recomendable para todos los que quieran emprender, liderar y desarrollarse en todos los ámbitos de la vida" (Ariana A. empresaria)

"Con el aprendizaje obtenido pude determinar con claridad mis próximos objetivos" (Diego M. entrenador)

"Califico esta experiencia con un 10 porque me sirvió de enlace para los pasos que quiero seguir" (Nancy C. empresaria, oradora)

"Participar me expandió como persona. Descubrí conocimientos y mejor perspectiva. Quiero aprender más" (Ariel C. coach)

"Descubrí las brechas que me separaban de mi éxito y como cerrarlas" (Andrea G. emprendedora)

"Ahora puedo superar el miedo y sé cómo dejar de postergar el crecimiento de mi equipo" (Carolina B. comerciante)

Si te interesa más información sobre cómo experimentar un proceso de coaching profesional o tener un lugar en las mesas exclusivas de grupos de mentes maestras escribinos a

francislenguaza@gmail.com

spenayo@gmail.com

Acerca del autor

Francis Lenguaza es un coach ontológico profesional que trabaja en promover el desarrollo personal de líderes emprendedores.

Ha prestado sus servicios en compañías exitosaas en sectores como energía, telecomunicaciones, plásticos, packaging, tecnología retail, maquinarias industriales y servicios tecnológicos.

Actualmente junto a su esposa Sonia aprovecha sus experiencias y distinciones para brindar coaching ejecutivo, mentoreo y conferencias.

www.ingramcontent.com/pod-product-compliance
Lightning Source LLC
Chambersburg PA
CBHW060838220526
45466CB00003B/1156